Franz Schmidt

Zur Geschichte des Wortes

Franz Schmidt

Zur Geschichte des Wortes

ISBN/EAN: 9783743337497

Hergestellt in Europa, USA, Kanada, Australien, Japan

Cover: Foto ©Thomas Meinert / pixelio.de

Manufactured and distributed by brebook publishing software (www.brebook.com)

Franz Schmidt

Zur Geschichte des Wortes

Zur geschichte des wortes ‚gut'.

Ein beitrag zur wortgeschichte der sittlichen begriffe im deutschen.

Inauguraldissertation

zur

erlangung der doktorwürde,

der

philosophischen fakultät

der

universität Leipzig

vorgelegt

von

Franz Schmidt

aus Wilhelmshaven.

BERLIN.

Druck von Gebr. Unger, Bernburger Strasse 30.

1898.

Meinen eltern
gewidmet.

Inhalts-Übersicht.

	Seite
Einleitung	VI
I. teil: zur etymologie	1— 8
§ 1. zur wortbildung von gut	1
§ 2. got. *gôps*: gr. ἀγαθός	1
§ 3. sonstige idg. verwante	2
§ 4. got. *gadiliggs*	3
§ 5. mhd. *gate, gegate*	4
§ 6. sonstige germ. verwante	5
§ 7. die grundbedeutung von gut	6
§ 8. die anomalie der komparation	7
II. teil: zur bedeutungsgeschichte	9—46
§ 1. Ulfilas	10
§ 2. Tatian	14
§ 3. Otfrid	15
§ 4. Notker	19
§ 5. Williram	22
§ 6. das Nibelungenlied	22
§ 7. Kudrun	26
§ 8. Iwein	29
§ 9. Parzival	33
§ 10. Gottfrieds Tristan	37
§ 11. Walther von der Vogelweide	40
§ 12. Freidank	42
Schluss	45—46

Einleitung.

Die sprache eines volkes bezeugt seine geschichte — geschichte nicht nur im sinne äusserer politischer oder kultureller beeinflussung durch fremde nationen, sondern auch im sinne innerer entfaltung der geistigen kräfte des volkes verstanden. An der wachsenden ausgestaltung des deutschen sprachschatzes für geistige begriffe, am aufkommen neuer, am bedeutungswandel oder absterben vorhandener wörter, lässt sich die geschichte des geistigen lebens in Deutschland sozusagen urkundlich belegen. In seinen durch unerreichte spürkraft und feinheit des historischen sprachgefühls ausgezeichneten wortgeschichtlichen arbeiten hat Rudolf Hildebrand manche glänzenden proben solcher sprachbetrachtung gegeben und von der fruchtbarkeit derartiger arbeit überzeugt. Eine umfassende 'geschichte der deutschen sprache' in diesem sinne ihrer inhaltlichen entwickelung, eine geschichte der wortbedeutungen, wird freilich, wie Reinhold Bechstein im jahre 1861 schrieb (Germania VIII 330), noch auf lange hinaus der zukunft vorbehalten bleiben.

Die vorliegende arbeit, die einen bescheidenen beitrag zu dieser richtung der sprachgeschichtlichen forschung liefern will, beschränkt sich auf ein einzelnes wort unseres ethischen wortschatzes, das aber seit dem beginn germanischer sprachüberlieferung im mittelpunkte desselben steht und deshalb eine monographische behandlung besonders aussichtsreich erscheinen lässt. Diese gliedert sich naturgemäss in einen etymologischen und einen bedeutungsgeschichtlichen teil. Jener untersucht, auf der grundlage der reichen litteratur über das wort, seinen ursprung, dieser verfolgt an der hand der specialwörterbücher und eigner sammlungen die bahnen, die es von jenem ursprunge aus in seiner entwickelung eingeschlagen hat. Was nun den umfang der stofflichen grundlage dieses letzteren teils anlangt, so wäre das absolute ideal derselben vielleicht ein statistisch vollständiges verzeichnis aller in der deutschen litteratur vorkommenden anwendungsfälle des wortes. Solche vollständigkeit ist aber für unsern zweck weder notwendig noch angemessen, nicht notwendig, da einmal der sprachgebrauch bedeutender, umfänglicher werke für einen grösseren zeitabschnitt repräsentative geltung beanspruchen darf und es zum andern weniger auf die numerische als auf die qualitative bestimmung der gebrauchsfälle des wortes ankommt; nicht angemessen, weil die mühe vollständiger sammlung der fälle die bedeutung dieser beschränkten aufgabe weit übersteigen würde. Die weitere einschränkung des zweiten teils auf die altdeutsche litteratur bis etwa zum jahre 1250 ist darin begründet, dass es für die spätere zeit an specialwörterbüchern fast gänzlich fehlt und sodann, dass das wort grade für diese periode seiner geschichte demnächst von bewährter hand eine darstellung im Deutschen Wörterbuche finden wird.

Litteratur zu teil I.

von Bahder, Die verbalabstrakta in den germanischen sprachen. 1880.
Brugmann u. Delbrück, Grundriss der vergleichenden grammatik der indogermanischen sprachen. 1886
Feist, Grundriss der gotischen etymologie. 1888.
Fick, Vergleichendes wörterbuch der indogermanischen sprachen. 4. aufl. 1890.
Graff, Althochdeutscher sprachschatz. 1834.
Grimm, Deutsches wörterbuch. 1854. (der artikel gut steht noch aus.)
J. Grimm, Deutsche grammatik. 1819.
Hildebrand, Gesammelte aufsätze und vorträge zur germanischen philologie. 1890.
Kluge, Etymologisches wörterbuch der deutschen sprache. 6. auflage. 1898.
—, Nominale stammbildungslehre der altgermanischen dialekte. 1886.
—, Vorgeschichte der altgermanischen dialekte (Pauls Grundriss I^2. 1898).
Müller-Zarncke, Mittelhochdeutsches wörterbuch. 1854.
Paul, Principien der sprachgeschichte. 2. auflage. 1886.
—, Deutsches wörterbuch. 1896.
Schade, Altdeutsches wörterbuch. 2. auflage. 1872.
L. Tobler, Aesthetisches und ethisches im sprachgebrauch. Zeitschrift für völkerpsychologie und sprachwissenschaft VI, 385—428.
L. Tobler, Die anomalien der mehrstämmigen komparation und tempusbildung. Kuhns Zeitschrift IX, 241—274.
Uhlenbeck, Etymologisches wörterbuch der gotischen sprache. 1896.
Wilmanns, Deutsche grammatik II: wortbildung. 1896.
Wundt, Die sprache und die sittlichen vorstellungen. Ethik 1892^2, s. 18—39.
Beiträge zur geschichte der deutschen sprache und litteratur, herausgegeben von Paul, Braune und Sievers. 1874 ff.
Kuhns Zeitschrift für indogermanische sprachwissenschaft. 1874 ff.

I. Zur etymologie.

Motto: 'Jedem worte klingt der ursprung
nach, wo es sich herbedingt'.
Goethe, Faust 7094.

§ 1. Zur wortbildung von gut.

Die älteste gestalt, in der das nhd. *gut* im germ. erscheint. ist die form *gops* bei Wulfila (über die nebenform *gôds* vgl. Braune got. gr. § 74 anm. 1). Der daraus zu erschliessende stamm des worts, germ. *gōda-*, idg. *ghādho-*, mit dem für wurzeladjectiva üblichen primären suffix -o- gebildet (vgl. Kluge nom. stammb. a. a. o. §§ 169—175. Brugmann II$_1$, 427), ist als wurzelbetont, der wurzelvokal auf grund der nachher zu untersuchenden verwanten als hochstufe der idg. *ă*-reihe anzusetzen. Die funktion des suffixes -o- ist bei hochstufenadjektiven keine einheitliche (Kluge. § 171), doch schimmert die ursprüngliche participiale funktion der o-stämme auch in diesem worte noch durch, z. b. wenn man 'gut' durch 'passend' wiedergiebt. Chronologisch reicht die bildung des wortes in die idg. periode zurück, in der jenes suffix produktiv war (Kluge, a. a. o. § 236). Sie legt damit die frage nach etwaigen idg. verwanten nahe

§ 2. got. *gôps*: gr. ἀγαθός.

Die zusammengehörigkeit dieser beiden wörter ist seit dem aufkommen der wissenschaftlichen wortforschung ein viel umstrittenes, immer von neuem angegriffenes problem, das aber auch heute noch seiner endgiltigen lösung harrt. Die übereinstimmung der bedeutung und die äussere ähnlichkeit der beiden wörter legte immer wieder den versuch nahe, die lautlichen differenzen, die ihrer zusammenstellung entgegen stehen, aus dem wege zu räumen. — Nachdem Bopp I, 411 beide wörter zu skr. *aghā́dhas* 'tief' in beziehung gesetzt, Grimm dagegen gr. II, 43 diese verbindung für gewagt erklärt hatte, erfuhr die erörterung auch dieser frage einen wesentlichen fortschritt durch Grassmanns entdeckung des arisch-griechischen hauchdissimilationsgesetzes, das er selbst darauf anwendet (Kuhns zeitschrift XII, 129): 'Das gotische wort leitet auf eine ursprüngliche form mit zwei aspiraten und dem wurzelvokal a, zu welcher das griechische, abgesehen von dem vorgesetzten *a*, stimmt; denn da zur zeit, wo die eine aspirata die andere ihres hauches beraubte, die inlautende griechische aspirata weich, die anlautende hart war, so musste entweder ἀγαθός oder ἀκαθός (Hesych.) hervorgehen, je nachdem das *a* vor oder nach jener zeit vorgesetzt wurde'. Doch enthält diese argumentation eine unbekannte grösse (J. Schmidt, Kuhns zeitschrift XXV, 150), nämlich die prothese des *a* und die dadurch bewirkte ausnahmeentwickelung der aspirata zu γ statt zu κ. Während daraufhin Whitney (Die wurzeln der sanskritsprache s. 34) die von Grassmann aufgestellte wurzel *gadh* für 'eine wurzel von zweifelhafter bedeutung und beziehung' erklärte, versuchte Johansson (Bezzenbergers beitr. XIII, 115 ff.) eine geistreiche überbrückung jener beiden schwierigkeiten, indem er 1. quantitativen ablaut einer zweisilbigen wurzel *aghadh* (*āghədh -aghadh-ghādh*), 2. eine kontamination zweier grundformen *aghadho* und *agdho* zu *agadho* annahm und damit zu der gleichung *agadh: ghādh* = ἀγαθός: *gôps* gelangte. Beide hilfsannahmen entbehren indes der sicherheit, die frage bleibt offen, und wie einst Bopp und Grimm, behauptet jetzt Fick (vgl. wb.[4] 39) die verwantschaft, Kluge (et. wb.[6] 154) lehnt sie ab; mit recht, so lange nicht von den indogermanisten weitere analogien eines präfigierten *a* und einer reihe χ-κ-γ beigebracht werden.

§ 3. Sonstige idg. verwante.

Als sichere idg. verwante dürfen angesehen werden die von Grassmann a. a. o. aus den Veden beigebrachten wörter *ághadita* 'angeklammert', *parigadhita* 'umklammert', dazu *gā́dhya* 'festzuhalten' (Fick[4] 39), ferner an slavischen wörtern lett. *gāds* 'habe, vorrat', aksl. *goditi* 'genehm sein', *godinŭ* 'genehm', *godŭ* 'zeit', *godina* 'zeit, stunde' (vgl. Bezzenberger, BB. XVI, 243). Unsicher ist die zugehörigkeit von lat. *habeo, habilis* (vgl. Uhlenbeck 50; Fick 39; Froehde, BB. VIII, 165) — Auf grund dieser verwantschaft ist unser *gut* der idg. a-reihe zuzuweisen und ein germ. stamm *gad* anzusetzen. Vom standpunkt der germ. sprachen aus ist dieser ansatz bereits von Grimm (gr. II, 43) angedeutet, obgleich er daneben ein *gidan, gad, gēdum* (jungere) vermutet (gr. II, 51). Auch Graff IV, 143 und das mhd. wb. I, 487 sind noch zweifelhaft, während Ettmüller 407, 8; Schade I² 358 und Kluge⁶ 134, 154 den a-ô-ablaut in der sippe von *gut* mit recht als gesichert ansehen. Die bedeutung des stammes *gad* lässt sich erst auf grund der übrigen germ. verwanten bestimmen, deren verwantschaftsverhältnis in einigen punkten einer näheren untersuchung bedarf.

§ 4. got. *gadiliggs*.

Die verwantschaft von *gadiliggs* und *gôps* ist sicher, unklar nur die bildung des ersteren wortes. Da die *-igg*-bildungen im got. auf zwei wörter beschränkt sind — ausser *gadiliggs* noch *skilliggs* in der Neapler urkunde — das für *gadiliggs* zu vermutende stammwort aber im got. nicht vorliegt, so könnte *gadiliggs* als *-ing* oder *-iling*-ableitung aufgefasst werden.

Für letztere auffassung führt Joh. Schmidt (idg. vocalismus 84) das ags. *gäd* societas, v. Bahder (verbalabstrakta 178) den umstand an, dass auch das an. die erweiterung des suffixes kennt. Wenn gegen diese auffassung das fehlen des stammwertes im got. sprechen dürfte, das wenigstens im hd. (vgl. die beispiele bei Wilmanns II 371) neben der ableitung lebendig zu sein pflegt, so scheint mir für die erstere auffassung neben mhd. *gater* auf welches auch v. Bahder (a. a. o. 169) gewicht legt, das mhd. wort *gatel* zu entscheiden, das freilich nur an einer stelle — im md. marienleich des bruder Hans v. 2596 (Lexer I 743, es fehlt im mhd. wb. I 489) — bisher nachgewiesen ist. Auch Hildebrand bemerkt (D. Wb. IV 1, 1499): das *gatel* kann übrigens unmittelbar zu *gätling, geteling* gehören, ja dies erst von jenem gebildet sein. Got. **gadils* konnte dieselbe bedeutung wie *gatel* 'genosse' gehabt und *gadiliggs* erst durch das patronymische suffix die einschränkung auf 'verwanter' erfahren haben Der abweichende mittelvocal des as. *gaduling* und ags. *gædeling* aus *gaduling* beruht auf einer anderen vokalisation des -$\frac{i}{o}$-suffixes. —

§ 5. mhd. *gate, gegate*.

Auch über die auffassung der bildung dieses mit *gut* verwanten wortes bestehen zweifel. Als denominativ nehmen es Grimm, der (gr. II 736) bemerkt: *gigado*, (socius, par) führt auf ein aus keiner deutschen sprache erweisliches *gad*, dem ich die bedeutung von domus oder materies zutraue, und Sütterlin, wenn er es (gesch. d. nom. ag. 63) mit den synonymen got. *gahlaiba, gajuka*, ahd. *gimahho, gistallo* u. a. als denominativen ableitungen zusammengestellt. — Gegen diese ansicht spricht 1. die unerweisbarkeit eines substantivs *gad*, hd. *gat*, 2. die form *gate* ohne *ge-*, das jene ansicht nicht entbehren kann, 3. das adjektivische *ungagat* inconveniens bei Notker (Graff IV 143), 4. das von Haupt in der anmerkung zu Erec 2109 an vier stellen (Judith 136, 12; Tundalus 124; Vom übelen weibe 660; Heinrich v. d. Türlin 19 187) nachgewiesene *gat*, das neutrum des unflektierten adjektivs. Ich stimme deshalb Wilmanns II 201 zu: ahd. *gimacho* 'genosse' und ags. *gegada*, as. *gigado* 'seines gleichen' sind wohl substantivierte adjektiva, die nicht auf einem substantiv beruhen' und sehe in *gat* und *ungagat* die starke, in *gate, gegate* die schwache form dieses adjektivs, das nach bildung und bedeutung dem adj. *gut* entspricht. Die isolierende kraft der schwachen deklination erleichterte die substantivierung von *gato*, während im n. *gat* die alte weitere bedeutung erhalten ist. Das præfix in *gegada, gigado, gegate* hat nur verstärkende bedeutung. vgl. gevüege neben vüege adj. Eine parallele zu dieser bedeutungsentwickelung von *gate* liegt vor in ahd. *gimahho* 'genosse', *gimahha* 'gattin' zu *gimach* 'aptus'. — Wenn übrigens Hildebrand (D. Wb. IV 1, 1499 unter *gatte* III 2) aus dem begriff 'paar' in 'gatte' einen anschaulicheren inhalt der wurzel gewinnen will, so ist dagegen zu bemerken, dass die bedeutungen 'gegner' und 'gatte', die den begriff 'paar' enthalten, spätere verengungen der grundbedeutung 'genosse' darstellen und diese, wie schon gesagt, der einschränkenden funktion des suffixes der schwachen deklination zu verdanken ist (vgl. Sütterlin a. a. o. 65).

Das adj. *gatlich, gätlich* 'passend, nützlich' ist eine komposition des adj. *gat* mit *-lich*, die ja ohne einfluss auf die bedeutung desselben ist (vgl. Kluge stammb. 236), und bildungen wie *guot-, reht-, bald-, bôs-, hlûtarlîch* anzureihen*).

§ 6. Sonstige germ. verwante.

1. ahd. *gataro* (Graff IV 143, Grimm gr. III 431). Mit unrecht trennt Kluge (et wb.⁶ 135) das wort der bedeutung wegen von dem stamme *gat*, um es dann mit dem engl. *gate* 'thor' zu verbinden; aber *gatter* ist nicht ein thor im sinne einer öffnung, sondern eines verschlusses. Da jene verbindung auch lautlich auf schwierigkeiten stösst, will K. nach seiner die letzten auflagen des buches störenden gewohnheit, in dunkel scheinenden wörtern zunächst zusammensetzungen anzunehmen (vgl. ausser gatter z. b. bild, gadem u. a.), auch in diesem worte eine zusammensetzung — aus *ga* und *tor* — sehen, was schon das zweite *a* der ältesten belege verbietet. Dieses *a* ist vielmehr als svarabhakti, die endung als das instrumentale suffix *-ro* zu betrachten. Nach bildung und bedeutung sind zu vergleichen: ahd. *snuor* f. zu √ *snô* flechten, *scobar* m. zu √ *skeub* schieben, *zimbar* n. zu √ *dem* bauen u. a. (vgl. Wilmanns II §§ 215, 3, 216. 1. 217; Kluge nom. st. § 92).

2. ahd. *getilôs* (Graff IV 144; Gr. gr. II 51, 565). Grimm deutet das wort als 'a-mens', *get* als 'mens', (a combinando?), Hildebrand wohl richtiger *geti* als 'joch' in der schönen stelle D. Wb. IV₁, 1494 unter *gätlos* 2; auf den sinn des wortes führt glaub ich eine biblische glosse: 'Belial filii (deut. 13, 13) absque jugo-*kettilôse man* (Germ. XI 36 ᵇ)'. Da in den wörtern vom stamme *gat* als sinnlicher urbegriff der des bindens, verbindens ohnehin vielfältig durchscheint (s. gatte, gatter), findet diese annahme in *geti* als joch eine treffliche stütze; *getilôs* war wohl ursprünglich ein ungejochtes rind, pferd o. ähnlich, ein ungebundener hund, und stimmt sonach zu 'unbändig', mhd. *unbendic*, oder 'zügellos'; vgl. auch ahd. *hirtilôs* petulans (Graff IV, 1029), eigentlich 'ohne hirt und hut' und *meisterlôs*

---

*) Hildebrand vermutet (D Wb IV₁, 1492 unter *gätlich* 3) zusammenhang a) mit dem sehr alt aussehenden substantiv, das in der verbreiteten nd. formel *togade* passend im dativ erhalten ist, b) mit dem zeitwort *gatten* 'zusammenpassen', c) mit dem ahd. *gigat*. a und c sind also, wie H. selbst andeutet, zu verbinden, b dagegen abzuweisen. Auch die ostfriesische nebenform *gadig* (Doornkaat I 579) ist denominativ.

3. Das md. und nnd. häufige adverb. *gater* 'zusammen' scheint aus *te gater* gekürzt, wie engl. *to gether*, holl. *to gader*, hd. *zu gater* annehmen lassen. Das *gater* könnte die aus dem md. bekannte (vgl. Lexer I 743) nebenform zu *gate* sein,

4. Das ahd. *gadum, gadam* 'zimmer' dagegen, sowie as. *gat* 'loch, höhle' sind als unverwant abzuweisen. Kluges kompositionsversuch für *gadam* (et wb.⁶ 130) scheitert daran, dass es bei einer √*dem* bauen keiner komposition bedürfte, und dass die schwundstufe des zweiten teils in *ga-tm* unerklärt bliebe. Andrerseits ist auch Wackernagels ableitung des wortes von χιτών, die Hildebrand (D. Wb. IV₁, 1131 unter *gadem* Ic) mit dem hinweis auf *kothe* und *hütte* unterstützt — nicht ohne eine gewisse freude über die mannigfache kreuzung der lautverschiebungsgesetze —, nach form und inhalt unhaltbar. Vgl. über *gadem* noch Zupitza, gutturale 261.

Für *gat* verweise ich auf Zupitza a. a. o. 201 und Holthausen PBB. XI, 553.

5. Auch Hildebrands geistreiche combination (a. a o. 1499): '*got* deus eigentlich höchster verwanter aller, der alle gleichsam verbindet, der stammesgott' entbehrt jeder grundlage.

§ 7. Grundbedeutung von gut.

Die grundbedeutung der auf dem stamme *gad* beruhenden germ. sippe — *gut, gadiliggs, gate, gat, gataro, getilôs, guter* adv. — war unschwer aufzustellen, wie denn bereits Grimm (gr. II 51) mit 'jungere' das richtige traf. Mit seiner feinsinnigen spürkraft drang dann R. Hildebrand auch hier zu tieferer einsicht vor (D. Wb. IV₁, 1499 unter *gatte* III₂): 'wenn in der ganzen sippe der begriff der engen zusammengehörigkeit zu grunde liegt, weisen *gätlos* und *gatter* auch auf eine sinnliche unterlage dieses begriffs, auf ein binden, verbinden hin (vgl. Gr. gr. II 51). Nur bleibt zu finden, von welchem bestimmten binden das ganze ausgegangen sei; die verblassung ins bildlose abstrakte zeigt sich schon ganz früh. Der begriff 'paar' in *gatte* deutet auf ein verbinden von zweien, *gätlos* vielleicht auf ein zusammenjochen zweier zugtiere'. Es ist in anbetracht des geringen wortmaterials dieser sippe müssig, diesem grundbegriffe 'eines bestimmten bindens' nachzuspüren. Auf den allgemeinen begriff des bindens führen sowohl die indischen als auch die slavischen verwanten, diese mit der begriffsmodifikation des verbindens im transitiven und intransitiven sinne eines zusammenpassens (*godŭ* 'zeit' ist als καιρός, nicht als χρόνος zu verstehen), der auch der germ. sippe zu grunde liegt. — Die ursprüngliche bedeutung des adjectivs *gut* ist danach als 'passend' anzusetzen, ein bedeutungsverhältnis zwischen stamm und adjectiv, das in folgenden fast kongruente entsprechungen besitzt: 1. as. *fôgian* verbinden: got. *fagrs* passend (εὔθετος Luc. 14, 35); 2. mhd. *vüegen* verbinden: *gevüege* passend; 3. ahd. *mahhôn* verbinden (¡ *mak* passend zusammenfügen, passend zusammengehören. Kluge⁶ 254): ahd. *gimah* passend; 4. got. *gadaban* passen (dazu lat. *faber* künstler? Uhlenbeck, got. wb. 49): got. *gadôfs* passend, schicklich. Mehrere dieser synonyma haben in derselben weise wie *gut* ihre anschaulich-sinnliche bedeutung ins ethisch-abstrakte verschoben — es muss der ethik überlassen bleiben, diese übereinstimmung für die psychologische erkenntnis des werdens der sittlichen begriffe zu verwerten —; indessen war *gut* durch den isolierenden ablaut wie durch das fehlen des stammverbums zu dieser verschiebung ins abstrakte besonders disponiert, während *gevüege*, das oft gleichwertig neben mhd. *guot* erscheint, durch die nähe seines verbums in der sinnlich-anschaulichen sphäre festgehalten wurde, ähnlich auch *gimah*, während *fagrs* und *gadôfs* dem hd. wortschatz überhaupt fremd blieben.

§ 8. Die anomalie der komparation.

Nach dieser übersicht über die bildung und grundbedeutung unseres wortes bedarf noch die frage einer erörterung, wie es zu den 'unregelmässigen' steigerungsformen *besser*, *best* gelangt ist oder vielmehr warum es keine eigenen, wurzelechten steigerungen aus sich entwickelt hat. Die allgemeine auffassung solcher grammatischen anomalien ist über J. Grimms romantischdunkle ahnungen (gr. III 600ff., neudruck 582ff.) lange hinaus und durch Curtius (z. b. gr. et. 77), sowie vornehmlich durch L. Tobler in seiner abhandlung über 'die anomalien der mehrstämmigen komparation und tempusbildung' (K. Z. IX 241—74) zu sicherer klarheit gefördert. Tobler gelangte zu folgenden ergebnissen: 'wir hätten als einfachste erklärung der anomalen komparation eine ursprüngliche mehrheit sog. synonymen anzusetzen — darunter begriffe, welche nach der seite der qualität und quantität gewissermassen eine abschliessende vollständigkeit, die grenzbestimmung alles seins und werdens und eben damit die unmöglichkeit einer steigerung enthielten. Solche 'absolute positionen' können in der that auch nur im positiv gebraucht werden, sie versagen sich der relation, welche eben komparation ist, indem sie . . . in ihrer art unvergleichbar sind' (a. a. o. s. 267). 'Komparativ und superlativ konnten unmittelbar (sc. ohne positiv) zu solcher verwendung gebildet und später in eine engere verbindung mit anderen stämmen gestellt werden, mit denen sie doch kein strenges ganzes, sondern nur eine gruppe von synonymen, an einen hauptbegriff deutlicher als andere sich anlehnenden 'defektiven' ausmachen, mit mehr qualitativen, als quantitativen unterschieden' (a. a. o. s. 273). Vgl. dieselbe anschauung bei Delbrück (grundriss der vgl. gr. III$_1$, 414—6) und Kluge (vorgeschichte der ag. dialekte in Pauls grundriss I 400). Dieselbe erklärung ist auch hier anzuwenden: der einzige anhaltspunkt zur auflösung der anomalie liegt in dem bei aller übereinstimmung sich doch keineswegs deckenden bedeutungsinhalt von *gut* einerseits und *besser*, *best* andrerseits.

Das ahd. komparativ-adverb *baz* ist aus urgerm. *batiz*, idg. *bhad-jes* entstanden und geht nach Fick I 155 auf eine $\sqrt{}$ *bhad* fördern zurück. Über die ausdehnung der germ. sippe siehe Schulze, got. gl. 27; Graff III 219, mhd. wb I 93; Lexer I 135; von den dialektwörterbüchern besonders Schmeller I 215; Schmidt schw. wb. 36; Ch. Schmidt, strassb. wb. 12; Vilmar I 61; Schmid, westerwälder idiotikon 14; über die etymologie Gr. gr. I² 494; D. Wb. I 1157, 8; Weigand I² 137; Kluge⁶ 33, 40. — Der relative charakter dieser sippe, wie er aus den verbalbegriffen *büssen* 'ausbessern (flicken), wiederherstellen' und *batten* 'helfen, fördern' deutlich erhellt, machte ihre adjektive zu komparativer verwendung geeignet, wogegen der ruhende begriff des wortes *gut* 'zusammengehörig, passend' nur die positive verwendung gestattete. Diese unterschiede bestehen noch im heutigen sprachgebrauch: *besser, am besten* sind üblicher im gebiete verstandesmässiger erwägung, *gut* ist dagegen, z. b. in vocativen, mehr ausdruck eines vergleichslosen, eines gefühlswertes. — Wie nun das wort *gut* von seinem in sich abgeschlossenen und komparativen beziehungen abholden begriff der zusammengehörigkeit und tauglichkeit aus in allmählichem fortgang zu seinem ethischen inhalt gelangte, darauf wird der folgende abschnitt der untersuchung sein hauptaugenmerk zu richten haben.

II. Zur bedeutungsgeschichte.

> Motto: Mit und in den wörtern zieht zugleich das leben der nation. das innere und äussere, an uns vorüber, wie in herausgeschnittenen bildern.
> Hildebrand, ges. aufsätze s. 7.

Vorbemerkungen.

Über die einschränkung dieser untersuchung auf die bedeutenderen werke der altdeutschen litteratur ist in der einleitung das nötige bemerkt. Die auswahl im einzelnen ist ausser durch die bedeutsamkeit der werke mehrfach, nämlich hinsichtlich des Tatian, Williram und Iwein, durch die vorhandenen spezialwörterbücher bezw. glossare mitbestimmt.

Der gang der darstellung weicht von dem im Deutschen Wörterbuch üblichen insofern ab, als dort die einzelnen bedeutungen jedes wortes in ihrer sonderentwickelung, hier der gesamtfortschritt des wortes *gut* von werk zu werk verfolgt wird, was für jede monographische, das in der einleitung aufgestellte ziel anstrebende behandlung der gebotene weg sein dürfte.

Innerhalb der einzelnen übersichten des gebrauchs ist ohne statistische peinlichkeit möglichste vollständigkeit der stellen- und bedeutungsangaben erstrebt.

Soweit es für die schärfere abgrenzung des bedeutungsumfangs von *gut* nötig schien, sind auch die synonyma und die kontrastwörter in die darstellung einbezogen worden.

§ 1. Ulfilas.

v. d. Gabelentz und Löbe, Ulfilas. 1. band. 1843.
Bernhardt, Vulfila oder die gotische bibel. 1876.
Ernst Schulze, gotisches glossar. 1847.

Bei Ulfilas starker abhängigkeit von der LXX und Itala*) ist
es schwierig, in seiner bibelübersetzung regeln des sprachgebrauchs
festzustellen; für bedeutung und gebrauch einzelner wörter indes
bieten die verbindungen, in denen sie auftreten, und die wörter
der vorlage, die sie übersetzen, feste anhaltspunkte.

Die verbindungen von *gôps* lassen sich in folgende gruppen
sondern. Es erscheint

1. attributiv neben *airpa* Lc. 8, 8; *akran* Mt. 7, 17; Lc. 3, 9;
bagms Mt. 7, 17 (synonym mit *piupeigs*); *salt* Mc. 9, 50. Es
bedeutet hier, die dinge sind so, wie es ihrer art und den
menschlichen zwecken, die darauf angelegt sind, entspricht, und
kommt in dieser bedeutung der teleologischen angemessenheit
dem ursprünglichen inhalt am nächsten. Nur ist der anschauliche
grundbegriff 'passend verbunden, zusammengehörig' in die abstrakte beziehung des mittels zum zweck verschoben. Die
möglichkeit dieser verschiebung beruht psychologisch auf dem
verwanten gefühl, das sich mit diesen beiden begriffen verbindet. —

2. neben *andbahts* 1. Tim. 4, 6; *gadraúhts* 2. Tim. 2, 3;
hairdeis Joh. 10, 11; *skalk* Lc. 19, 17. Es gelangt in solchen,
noch jetzt üblichen verbindungen über die erstere bedeutung
'passend, geeignet' zu der allgemeinen 'trefflich, vorzüglich'. Der
zweck, den diese attribute voraussetzen, liegt jedesmal in dem
zugehörigen substantiv.

3. neben *gaminpi* 1. Thess. 3, 6; *grips* 1. Tim. 3, 13; *mitads*
Lc. 6, 38 (*gôda jah ufarfulla jah gawigana jah ufargutana*):
weitwôdei 1. Tim. 3, 7; *wêns* 2. Thess. 2, 16; *witôp* 1. Tim. 1, 8.

---

*) Engeren, bis ins kleine gehenden anschluss an die Itala erweisen,
Marolds these unterstützend, folgende beiläufig gesammelte stellen: Lc. 19, 22
πονηρέ δοῦλε — *improbe serve et piger* — *unselja skalk jah lata*; 1. Thess. 5, 21
τὸ καλὸν κατέχετε — *quod bonum sit, teneatis* — *patei gôþ sijai, gahabaiþ*;
Lc. 2, 14 εὐδοκίας — *bonae voluntatis* — *godis wiljins*: ferner mit geringfügigen unterschieden Mt. 5, 39; Lc. 1, 53; Röm. 10, 15: 11, 24; 13, 3;
1. Kor. 15, 33; 1. Tim. 3, 13.

góþs bezeichnet hier, dass etwas so ist, wie es sein muss, um besonders wertvoll zu werden, und entzieht sich damit einer einheitlichen übersetzung; z. b. bedeutet es neben *witôþ* 'nützlich, von segen', neben *wêns* 'sicher', neben *mitads* 'reichlich'. Die funktionelle bedeutung des wortes tritt hier deutlich hervor.

4. neben *anaflih* 2. Tim. 1, 14; *andahait* 1. Tim. 6, 13: *drauhtiwitôþ* 1. Tim. 1, 18; *haifst* 1. Tim. 6, 12; *hairtô* Lc. 8, 15; *hwôftuli* 1. Kor. 5, 6; *laiseins* 1. Tim. 4, 6; *miþwissei* 1. Tim. 1, 5. 19; *sidus* 1. Kor. 15, 33; *waúrd* Eph. 4, 29; *waúrstw* Mt. 5, 16; Mc. 14, 6; 2. Kor. 9, 8; Eph. 2, 10; Kol. 1, 10; 1. Tim. 2, 10; 3. 1; 4, 25; 5, 10; 2. Tim. 2, 21; 3, 17; Tit. 1, 16; *wilja* Lc. 2, 14. Bildete *góþs* in den bisherigen verwendungen den gegensatz zu nhd. *schlecht,* so hier zu *böse,* d. h. es ist hier moralisch gebraucht. Durchaus ethisch ist sodann das substantivierte (prædicative) adjectiv, z. b. Mt. 5, 45 *ubilans jah gódans*; das prædicative adjectiv erleichterte diese erhebung ins ethische, da es an sich schon genereller und abstrakter ist als das attributive. —

Ausser der attributiven verwendung erscheint *góþs*

5. in der unpersönlichen verbindung *góþ ist* c. inf. Mc. 7, 27; 9, 5; 9. 42. 45. 47; Gal. 4, 18 in teleologischem sinne, wie schon aus der häufigen construction mit dem persönlichen dativ hervorgeht. In ähnlicher weise liegt in Eph. 4, 29 (*góþ du timreinai*) in der präposition die dem *góþ* innewohnende richtung auf ein ziel angedeutet.

6. *góþ* n. zeigt nur erst schwache spuren der heutigen bedeutung 'das gut, das gute'. Schulze zählt im glossar drei fälle desselben auf, von denen indes Röm. 12, 2 wegfällt, während Gal. 4, 18 und 6, 6 hinzukommen. Gal. 6, 6 und Röm. 13, 4 haben mehr teleologische, Röm. 12, 9 und Gal. 4, 18 mehr ethische bedeutung. Diese letztere bedeutung hat *góþ* n. auch als objektsakkusativ zu *waúrkjan, gawaúrkjan, taujan* Röm. 7, 18. 19. 21; 2. Kor. 13, 7; Gal. 6, 9 u. a.

Wie man sieht, sind also im gotischen bereits die meisten nüancen der heutigen bedeutung des wortes entwickelt, besonders im wichtigsten, dem adjectivischen gebrauch. Es bezeichnet neben dingen ihre nützlichkeit und angemessenheit für die zwecke, denen sie dienen, neben personen trefflichkeit für besondere aufgaben und im allgemeinen, neben ausdrücken für handlungen, seelische eigenschaften u. dgl. ihren ethischen wert.

Got. *gôþs* übersetzt καλός und ἀγαθός, zweimal (Lc. 6, 35; 1. Kor. 15, 33) auch χρηστός, dem vorgang der Itala entsprechend, die dafür regelmässig *bonus* einsetzt.

Jedes wort wird in seinem vollen begriff erst in seinen gegensätzen und synonymen deutlich, die auch hier eine kurze betrachtung lohnen.

Das einzige gegensatzwort nun zu *gôþs* fast im ganzen umfang seines gebrauchs ist *ubils*. Es erscheint, den dort aufgestellten gebrauchskategorien entsprechend 1. in teleologischer bedeutung neben *akran, bagms*; 2. neben *vaurstwa*; 3. in ethischem sinne, und zwar entschiedener als *gôþs*, neben *ahma, anaminds, gawaúrdja, huzds* (τῆς καρδίας), *lustus, manna, mitôns, namo, unbiara, waúrd, waúrstw*; 4. als objektsakkusativ zu *mitôn, qiþan, waúrdjan, taujan, waúrkjan*; als *ubils* m. und *ubil* n. Die stellenangaben siehe bei Schulze.

Was die synonyma angeht, so nimmt *þiuþ, þiuþeigs* neben *gôþ, gôþs* eine bedeutende, ja überragende stellung ein*). *þiuþ* n. übersetzt stets τὸ ἀγαθόν, bonum 'gutes': Lc. 1, 53; 6, 45; Röm. 7, 18; 9, 11; 10, 15; 12, 21; 13, 3; 14, 16; 2. Kor. 5, 10; Gal. 6, 10; Eph. 6, 8; 1. Thess. 5, 15; Phil. 14; ferner Mc. 3, 4; Lc. 6, 9; 33, 35 (ἀγαθοποιεῖν). Zu beachten ist der einzige plural Lc. 1, 53 (*grêdagans gasôþida þiuþê*) mit konkreter bedeutung.

Die kraft des wortes tritt deutlich auch in dem abgeleiteten adjektiv hervor. *þiuþeigs* erscheint an wenigen, aber bedeutenden stellen: für *bonus*-ἀγαθός neben *akran* Mt. 7, 18; *anabusus* Röm. 7, 12; *bagms* Mt. 7, 18; *guþ* Mc. 10, 18; *laisareis* Mc. 10, 17; *manna* Lc. 6, 45; für *bonus*-εὐλογητός neben *guþ* Mc. 14, 61; für *benedictus*-εὐλογητός neben *frauja* Lc. 1, 68; *guþ* 2. Kor. 11, 31. Bemerkenswert ist, dass Mc. 10, 17. 18 das formell ausreichende und nach dem sonstigen gebrauch zu erwartende *gôþs* als attribut

---

*) Etymologisch ist dem worte, das fast ohne germ. verwante dasteht, schwer beizukommen. Für urverwantschaft mit lat. *tutus* spräche ausser der form die inhaltliche analogie *heil* n.: *heil* adj.; got. *sêls*: alat. *sollus* 'ganz' (vgl. Brugmann, begriff der totalität 41. 43). Mir scheint der religiös-ethische glanz des wortes nur aus einer mythologischen vorgeschichte verständlich und zusammenhang mit air. *túath* 'links', urspr. 'gut' (Uhlenbeck 147) nicht unwahrscheinlich, wie ähnlich zu hd. *heil*, an. *heill* das ags. *hǽl* 'glückliches vorzeichen' sicher gehört. Die ursprüngliche bedeutung von *þiuþ* ist 'segen(' (vgl. Schade II² 930), auch z. b. in *þiuþ taujan*, was aber von menschen gesagt bereits eine übertragung wäre.

Gottes und Christi nicht genügt; erst *piupeigs* giebt das notwendige prädikat 'gütig, gnädig (segen spendend)', das auch für *benedictus-εὐλογητός* 'gepriesen' wirksam eingesetzt wird.

In ähnlichem verhältnis zu *gôps* wie *piupeigs*, das frei von teleologischer färbung nicht äussere angemessenheit für bestimmte zwecke, sondern innere güte bezeichnet (auch das von *piup* abgeleitete *piupjan* 'segnen' beleuchtet diese bedeutung in ihrer richtung von innen nach aussen), steht *sêls*, das indes nur dreimal vorkommt: Lc. 8, 15 *in hairtin gôdamma jah seljamma* (*ἐν καρδίᾳ καλῇ καὶ ἀγαθῇ*); Eph. 4, 32 *wairþaiduh miþ izwis missô sêljai*; 1. Kor. 13, 4 *friaþwa usbeisneiga ist, sêls ist*. In den beiden letzten fällen übersetzt es das gr. χρηστός, lat. *bonus*; *gôps* ist beide male wohl wegen seiner teleologischen färbung, die hier störte, trotz des lat. *bonus* vermieden. Eben deshalb wird auch lat. *bonitas* mit *sêlei*, nicht mit *gôdei* wiedergegeben, vgl. Röm. 11, 12; 2. Kor. 6, 6; Gal. 5, 22; Eph. 2, 7; Kol. 3, 17.

Die drei synonyma ergänzen sich in ihrem gebrauch zu folgendem schema:

1. gut a) teleologisch: geeignet, vortrefflich = *gôps*, gegensatz *ubils*.
   b) ethisch: 1. trefflich (neben abstrakten) = *gôps*, gs. *ubils*.
   2. gütig, gnädig = *piupeigs* | gs. *ubils, unsêls*.
   3. gütig, freundlich = *sêls* |
2. der gute: *gôps*; gs. *ubils, unsêls* (Eph. 6, 16 *unsêls* 'teufel').
3. gutes, das gut: *piup, gôp*: gs. *unpiup, unsêl* (Mt. 5, 39; Joh. 17, 15), *ubil*.
4. güte: *sêlei*; gs. *unsêlei*; ein substantiv zu *ubils* fehlt.

Die übersicht zeigt, wie sich im gegensatz zu *sêls, piupeigs* und *ubils*, die abgeschlossene bedeutungen aufweisen, das wort *gôps* in der entwickelung befindet. Das rein anschauliche stadium, als dessen inhalt der begriff 'zusammengehörig, zueinanderpassend', auf dinge, tiere und wohl auch menschen (vgl. gatto) angewandt, vorauszusetzen war, ist überwunden; aus der anschaulichen gegenseitigen formbeziehung ist das wort auf die abstrakte, subordinierende zweckmässigkeitsbeziehung übertragen. In diesem gebrauche durchaus fest, beginnt es bereits, durch die entsprechende doppelte, teleologische und ethische verwendung von *ubils* unterstützt, in ethische bedeutungen einzudringen (1 b 1; 2; 4) und zeigt damit die richtung, die es in seiner späteren hd. entwickelung innegehalten und zu ende geführt hat.

§ 2. Tatian.

Sievers, Tatian. 2. auflage. 1892. Darin ausführliches glossar: s. 301—315.

Die geringe technische fertigkeit der ahd. übersetzer des Tatian, die sogar den verdacht ursprünglicher interlinearversierung nahelegen konnte, vermindert auch den wortgeschichtlichen wert dieses denkmals. Mechanisch wird lat. *bonus* ständig durch *guot*, *malus* durch *ubil* übersetzt. Der ethische wortschatz ist höchst dürftig und fast auf diese beiden wörter beschränkt. So findet sich kein dem schönen got. *piupeigs* entsprechendes wort; das blassere *guot* ist dafür eingetreten; vgl. Mc. 10, 17 *guot meistar* (106, 1); Mc. 10, 18 *nioman ist guot nibi ein got* (106, 1); Lc. 1, 68 wird *benedictus dominus* durch *gewîhit truhtin*, Mc. 14, 61 *filius dei benedicti* durch *gotes sun giseganôten* wiedergegeben; Lc. 8, 15 ist ausgefallen.

guot erscheint in folgender verwendung: (stellenangaben nach Sievers Tatian[2] 344).

1. teleologisch:
   a) neben dingen: *boum* 41, 3. 4; 62, 9; *erda* 71, 5; 75, 4; *fisc* 77, 3; *merigrioz* 77, 2; *samo* 72, 1. 4; 76, 4; *uuachsmo* 13, 15; 41, 3. 4; 62, 9; *uuîn* 45, 7 (2×).
   b) neben personen: *hirti* 133, 11. 12; *meistar* 106, 1 (?). *skalk* 149, 4. 5; 151, 5.
   c) neben *mez* 39, 3; *ernust* 182, 1 zur bezeichnung des grades. Das *in guota ernust* der letzteren stelle — Jesu seelenkampf ist gemeint — ist kräftiger als das *in agonia* der vorlage Lc. 22, 43.
   d) in der verbindung *guot ist* mit dativ und infinitiv: 85, 4; 91, 2; 95, 4. 5; 158, 6.
   e) als *guot* n. 40, 7 (2×); 106, 1; 107, 3 *guotiu intfangan bona recipere*.

2. ethisch:
   a) neben abstrakten: *herza* 41, 5; *uuerc* 25, 3; 134, 6. 7; 138, 5; *uuillo* 6. 3.
   b) neben personen: *got* 104, 3; 106, 1; 109, 3 (Luther: gütig

Mt. 20, 15); substantivisch: *ubile inti quote* 32, 3; 125, 11;
man 41, 5; 212, 2; *meistar* 106, 1.

c) als *quot* u. gutes: 17, 3; *frambringan* 41, 5; *sprechan* 62, 10;
tuon 88, 9.

Ubil ist fester gegensatz für die kategorien 1 a, b, c und 2;
belege bei Sievers 476. Bemerkenswert ist noch *thie ubilo* 75, 1
'malus, der böse, der teufel' als erstes beispiel dieser verwendung;
ferner *zuuêne ubile* 202, 1 duo nequam im sinne von 'verbrecher'
(Luther: zwei übelthäter): sodann ubil habenti 22, 2; 50, 1; 56, 4;
82, 1 'kranker' (*ubil* hier als neutrum aufzufassen, scheint neben
243, 4 *uuola habent* 'se bene habebunt' bedenklich; vgl. Sievers 476).

§ 3. Otfrid.

Kelle, Otfrids evangelienbuch.
1. band: text. 1856. 3. band: glossar. 1880.

Liess sich von Ulfilas zum Tatian mehr eine erweiterung,
die obendrein noch der geringen sprachlichen gewantheit der
übersetzung teilweise zur last gelegt werden kann, als eine
vertiefung im gebrauch unseres wortes feststellen, so nimmt es
dagegen unter Otfrids ausdrücken für ethische wertschätzung in
jeder hinsicht eine zentrale stellung ein, wie etwa *edel* in
Klopstocks wortgebrauch. *guat*, wie sein abstraktum *guatî*,
kommt bei Otfrid ungemein häufig vor, es befasst eine menge
von einzelbedeutungen und steht auch hinsichtlich der ethisierung
auf einer höhe, die es erst bei Walther und Freidank wieder
erreicht.

Otfrids übrige wörter ethischen inhalts treten an bedeutung weit hinter *guat* zurück: *edili* bedeutet noch 'vornehm
oder hervorragend', nur das substantiv hat schwache ethische
färbung IV 15, 35; das im 13. und 14. jahrhundert in ethischer
verwendung so gewöhnliche *frum*, *from* ist hier neben dem
substantiv *fruma* noch garnicht entwickelt (vgl. D. Wb. IV$_1$, 240);
neuere bildungen wie *gibâri* 'geziemend' I 17, 68; *gifuaro* adv.
'schicklich' II 19, 2; IV 35, 23 26; *gizâmi* u. a. kommen nur
vereinzelt vor; *bitherbi*, *unbitherbi* hat noch rein teleologische
bedeutung.

Immerhin aber lässt sich feststellen, dass für verschiedene bedeutungsnüancen des wortes *guat* neue ausdrücke
eingeführt werden, durch die es etwas entlastet und auf seine
wichtigeren ethischen anwendungen stärker hingewiesen wird.

Diese bedeutung von ersatzwörtern haben z. b. *bitherbi* tauglich, *nuzzi* nützlich, *biquâmi* passend, *gifuaro* schicklich (für das fehlende adverb. von *guat*, da *uuola* bei dem zunehmenden inhalt des wortes dem bedürfnis der adverbialen anwendung von *guat* nicht mehr genügte); auch *frôno* 'heilig' ist ein solches ersatzwort, ferner *frônisg* 'vortrefflich' neben *bilida, bluoma, lioht, uuin, uuort*. Zugleich sind diese wörter, indem sie an bekannte verba und substantiva anknüpfen, anschaulicher und deutlicher als *guat*, das längst nicht mehr etymologisch verstanden wurde.

Für die bestimmung des wortgebrauches von *guat* bildet Kelles sorgfältiges glossar eine vorzügliche grundlage; nur schien an einigen stellen eine andere anordnung notwendig.

Das adjektiv *guat* erscheint in folgenden bedeutungen:

1. 'physisch trefflich' neben *boum* II 23, 16. 18; *lant* I 1, 66; *uuin* II 8, 51; 9, 16; 10, 19.

2. 'brav, tüchtig' neben *boto* (Gabriel) I 5, 14; *thionôstman* (Joseph) I 19, 2; *thegan* I 1, 111 'tapfer', mehr formelhaft II 7, 24; III 6, 26; *forasago* I 15, 26; III 18, 30; 20, 74; *man* II 12, 21. 49 (Nikodemus); *guate man* als vokativ I 12, 17 (der engel zu den hirten); V 18, 3 (die grabesengel zu den jüngern); II 7, 16 (vgl. dicit eis: quid quæritis? mit *quad, guate man, uuaz skel iz sîn?*). Unser wort ist auch später das prædikat, mit dem man unbekannte anzureden pflegt; so Kudrun 133, 3 *ir guote schifliute;* ähnlich lw. 1286 *suochent guote liute;* auch das nhd. *guter freund* (Goethe, Faust 198. 1690. 2061. 2528. 3207; neben andern substantiven 852. 1816. 3013. 11 894. 11 917). Solche anrede ist einmal als allgemeiner titel, zum andern als captatio benevolentiae zu verstehen. Ähnliche allgemeinbezeichnungen mit allmählichem übergang ins ethische sind *thie drûta guate* V 5, 19; *gisellon zuuêne guate* (Emmausjünger) V 9, 4; *Joseph in sitin guatêr* I 8, 10; *sun guatêr* (der blindgeborne) III 20, 78; *Uuerinbrahtan guatan* H 165; *sô man guatemo scal* L 36.

3. 'sittlich gut' a) attributiv: *dât* II 51; *druhtîn* (Chrystus) V 19, 61; *man* III 17, 48; *uuort* III 20, 139; b) absolut: *ubile joh guate* II 19, 24; V 20, 22; *thie guate* III 17, 48; V 20, 55; 25, 83.

4. 'fromm': *Lazarus* III 23, 5. 43; *Marta* III 24, 5; IV 2, 9; *Nikodemus* IV 35, 17; *Symeon* I 15, 12; II 3 23; *liut* IV 4, 53; *forasago* I 16, 3; *mannilih guatêr* V 12, 19; absolut: *ther guato* S 38; H 35. 42; V 22, 2. — Dasselbe wort bezeichnet also sittliche wie religiöse vortrefflichkeit; die kirche gebrauchte für

ihren neuen wertbegriff das alte heidnische wort. Das war nur
möglich, so lange sittlicher und religiöser wert noch nicht als
verschieden erkannt waren und man in das wort *guat* nur den
sinn einer allgemeinen, nicht näher umschriebenen vortrefflichkeit
hineinlegte. Diese religiöse färbung des wortes hatte indes
keine dauer, weil die teleologisch-ethischen bedeutungen zu fest
eingewurzelt waren. Die kirche gab ihren umwertungsversuch
auf, als sich, nachdem auch das mhd. *reine* keine dauer bewies,
in *fromm* ein geeigneteres ersatzwort fand, geeigneter, weil es
sowohl jung und noch ohne feste anwendungsformen war als
auch nur persönlich, nicht von dingen, geräten u. dgl. gebraucht
und dadurch entweiht wurde.

5. 'heilig' a) von dingen: *burg* II 4, 51 (sancta civitas); *stat*
V 8, 6; b) von abstrakten: *caritas* IV 29, 51; *reht inti frithu*
V 23, 125; c) von personen, vornehmlich göttlichen: *druhtin*
L 43; I 5, 69; 12, 14; III 1, 44; V 8, 16; 23, 11; H 132;
fater II 21, 27; *forasago* III 20, 74; *Gregorius* V 14, 25; *krist*
S 32; I 27, 15; II 8, 7; III 10, 46; 16, 58; 24, 35; *muater*
(Maria) I 15, 11; IV 32, 1; *sun* I 6, 4; 17, 60; 19, 18; 22, 46;
II 2, 16; 11, 1; IV 32, 8; V 12, 28.

6. 'gütig, gnädig': *druhtin* I 15, 33; III 1, 44; 4, 23; 7, 1;
IV 37, 44; V 12, 35; *engel* III 4, 11; *hêrero* IV 7, 80; *krist*
III 10, 46; *sun* I 11, 57; 21, 10 (?); IV 32, 8; *zuhtâri* S 28.

7. 'tapfer': *ellen* L. 68; IV 13, 30; *herza* IV 7, 26.

8. 'trefflich, vollkommen, recht von handlungen und sachen,
gottgefällig': II 22, 25; III 19, 35; *freuuida* II 13, 15; *gimah*
III 20, 28; *githank* IV 37, 2; *lôn* II 19, 26; *ôtmuati* I 5, 67;
situ IV 5, 59; *uuerk* II 20, 3; III 22, 37; IV 6, 6; *uuillo* I 12, 24;
V 20, 40; 25, 48; *uuort* IV 31, 13; *ziti* L 7 (Kelle nimmt *guato*
hier als adv., u. zw. als einziges beispiel desselben); L. 33. 81. 95.

Für *guatî* f. verweise ich auf die erschöpfenden stellenangaben bei Kelle wb. 252—4 und verzeichne nur die dort aufgestellten, freilich mehrfach zu speciell gefassten bedeutungen,
um bemerken zu lassen, wie sich in dem substantiv der be-
deutungsreichtum des adjektivs wiederholt. — *guatî* bedeutet
nach Kelle: 1. gute beschaffenheit einer sache, 2. das gute,
3. alles vollkommene im höchsten grade und weitesten umfange:
grösse, macht, hoheit, adel, heiligkeit, göttlichkeit, sowohl von
handlungen, werken und andern abstrakten als auch von personen.
4. güte, gutmütigkeit, nachsicht, hochherzigkeit, gnade, menschen-

freundliches wesen, gewogenheit, huld, wohlwollen, herablassung, 5. tugend, trefflichkeit, edelsinn, 6. wohlergehen, wohlfahrt, heil, segen, glück, 7. freude, wonne, 8. frömmigkeit, 9. tapferkeit, 10. eintracht, V 23, 5 (?), 11. keuschheit I 16, 4. 12 (?), 12. erträgnis I 18, 18; II 6, 12 (?); man darf in 10—15 scheint mir über 'trefflichkeit, güte' nicht hinausgehen. 13. vorteil II 6, 17 (?) 14. würde, besonders als titel = dignitas, prudentia, sapientia, sanctitas, und als umschreibung der person (vgl. Erdmann, syntax Otfrids II 146). 15. adel, geschlecht I 3, 22; 23, 50 (?); auch hier wird allgemeiner an 'vortrefflichkeit' zu denken sein, wie Kelle frageweise vermutet. — Im ganzen eine fast überreiche fülle des inhalts. *guat* steht nach bedeutung und häufigkeit an der spitze des ethischen wortschatzes bei Otfrid; es ist für jede art wertschätzung das bezeichnende wort.

Das subst. *guatî* ist veranlasst durch das lat *bonitas* und die lateinische abstraktion überhaupt. Diese abstraktion wird bedeutungsgeschichtlich dadurch bedeutsam, dass sie das adjektiv aus seiner engen verbindung mit dem substantiv löst und den inhalt verselbständigt, den es in dieser verbindung hatte. Wenn z. b. für *salba guat* Otfrid IV 2, 20 *thiu ira guatî* sagt, so erscheint gegenüber jener unterordnung des adjektivs *guatî* nun als übergeordnet, als selbständige eigenschaft, an der hier die salbe participiert, aber auch andere dinge participieren könnten. Durch die verselbständigung wird der begriff des adjektivs von den zufälligkeiten der einzelnen beziehung befreit und in seinem wesentlichen inhalt verdichtet, ein fortschritt, der natürlich auf das adjektiv selbst fördernd zurückwirkt. Der kulturwert, den das latein nicht nur im wortinhalt, sondern auch in der ausdrucksweise besass, wird eben in Otfrids sprache offenbar: die substantivierung des adjektivs wird stil bei ihm; er findet eine freude darin, die zufälligkeit der adjektivischen beziehung in die generelle bedeutung des substantivs umzuwandeln.

Lateinischer einfluss hat auch den ethischen gebrauch unseres wortes gefördert. Ohne ihn ist der immerhin bedeutende unterschied der gleichzeitigen teleologischen und ethischen verwendung kaum zu erklären. Die ethischen bedeutungen des lat. *bonus* wurden auf *guat* übertragen und damit das wort auf eine stufe erhoben, die es in eigener entwickelung erst weit später erreicht hätte — und z. b. in den mundarten — thatsächlich erreicht hat.

Auch für *guat* n. ist lateinischer einfluss in anschlag zu

bringen, wenn die ursprünglich abstrakte bedeutung in eine konkretere übergeht in stellen wie I 9, 38; II 9, 10; 12, 30. 70; III 14, 28; 22. 16. 36: V 23, 291 (vgl. Kelle unter guat^{c)}).

Was nun die gegensatzwörter anlangt, so entspricht ubil als voller gegensatz zu guat den dort aufgestellten bedeutungen 1 neben boum II 23, 15. 17; 3b in II 19, 24. 89; III 20, 68. 113; V 20, 22; 25. 80; II 108; 8 neben githâhti V 3, 14; githank V 23; 149; herza V 25. 27; muat V 23, 112; nuillo III 22. 41; V 23, 111; 25. 78.

Wie die synonyma von guat, haben auch die von ubil einen zuwachs erfahren. So erscheint fravili adj. in den bedeutungen 'stolz, vermessen, gottlos'. Das adj. bôsi fehlt wie im Tatian so auch hier; indessen begegnet bôsa f. (gegensatz von milti!) II 140, sowie bôsheit f. IV 4, 66 'böses, arges treiben' (anders Kelle wb. 55; Erdmann, kleine ausg. 275). Das adj. arc endlich tritt z. t. neben dieselben substantiva: gilusti III 7, 84; uuillo I 12, 27; III 14, 115; IV 20, 11; V 25. 63. 68. Alle drei kommen indes gegen ubil nicht auf.

§ 4. Notker.

Piper, Notkers schriften. 1883.

Über Notkers sprachliche bedeutung schreibt Kelle, gesch. der ahd. litt. I, 250: 'Notker war des lateins vollkommen mächtig. So unklar und schwerverständlich die werke, die er für seine schule benutzt, stellenweise auch sind, er hat sie durchweg richtig verstanden. Notker besass aber auch vollständige herrschaft über seine muttersprache. Mit erstaunlicher sicherheit hat er das latein wiedergegeben, ohne sich indes von diesem stilistisch beeinflussen zu lassen. Nur selten sind die deutschen sätze den lateinischen völlig gleich gebaut. Er hat, was er deutsch schrieb, auch deutsch gedacht, und mit grosser gewantheit wusste er seine gedanken auszudrücken. So kunstvoll wie keiner vor ihm und lange auch keiner nach ihm hat er seine rede gestaltet'. Notker gewinnt danach für unsere frage einen besonderen wert.

Ich beschränke meine zusammenstellungen auf sein umfangreichstes werk, die erklärende übertragung der psalmen (handschrift R; in Pipers ausgabe bd. II), die ein ausreichendes bild seines bezüglichen sprachgebrauchs zu geben vermag. Leider fehlt noch immer ein wörterbuch zu Notkers schriften, sowohl ein stellenverzeichnis wie eine genaue bestimmung der wortbedeutungen, ein um so dringenderes bedürfnis, als Graffs stellenangaben keineswegs erschöpfend sind und Pipers ausgabe aller übersichtlichkeit entbehrt

Das adj. *guot* besitzt bei Notker:

1. teleologische bedeutung ('nützlich, von segen; angenehm: seiner art entsprechend, trefflich') neben *ãhtunga* 100, 5; *ârende* (evangelium) 32, 5; *êa* (lex) 118, 72; *frêht* ('reichlich'?) 24, 8; *intellectus* 110, 10; *scaf* 48, 15; *tag, zit* 33, 13; *uueg* 35, 5; *uuort* 55, 5; praedikativ 92, 1; 105, 5 (*ebanguot*). Ferner in der verbindung *guot ist* mit dem infinitiv 83, 2; 91, 2. 3. 5; 132, 1; 146, 1; mit dem dativ des interesses 42, 2; 72, 18. 28; 91, 4; 118, 71.

2. ethisch-religiöse bedeutung: 'sittlich gut' neben *ding* 85, 5; *gelust* 118, 20; *man* 127, 1; *minna, forhta* 79, 17; *uuerch* 1, 3; 4, 4; 67, 5; 92, 1; 140, 2; *uuillo* 5, 13; 25, 6; absolut besonders in der verbindung *guote unde ubile* 5, 8; 8, 9; 10, 7; 17, 23; 25, 1; 30, 21; 36, 6; 142, 10; praedikativ 31, 2 *daz er uuâne guôt sîn fône imo selbemo* mit der bedeutung 'sündlos, fromm', die in dieser gruppe überall naheliegt. Ferner 'gütig, gnädig' 53, 9; 72, 1; 92, 1; 143, 3 (*got*).

Auch der gegensatz *guot* und *argwillig* 142, 10, von gott und dem teufel gemeint, gehört hierher.

Im ganzen besteht übereinstimmung mit Otfrids sprachgebrauch, nur ohne den reichtum des inhalts und die hohe spannung, die — zum teil auch durch die nötigung bedingt, den vers mit bequemen flickwörtern zu füllen — das wort *guat* im evangelienbuch charakterisiert. Hier wie dort ist die teleologische bedeutung reiner nützlichkeit in der mehrzahl der fälle zu dem allgemeineren begriff der vortrefflichkeit vorgeschoben und die ethische bedeutung stark religiös gefärbt. Im allgemeinen steht Notker auch hier dem volkstümlichen sprachgebrauch näher als Otfrid; so ist er auch von der lateinischen abstraktion weit weniger beeinflusst als jener, wie besonders *guoti* f. belegt, das bei Notker nur in zwei bedeutungen vorkommt, als göttliche gnade 24, 7; 118, 68 (Graff 108, 68 ist druckfehler) und sittlich-religiöse trefflichkeit 7, 5; 15, 2; 25, 1. 7. 8; 105, 5; 118, 66;

guot n. bedeutet:

1. 'gutes, nützliches': 9, 7; 18, 15; 22, 3; 38, 3; 49, 7; 52, 10; 77, 57; 82, 10; 85, 17; 87, 12; 91, 1. 2; 102, 5; 108, 4; 114, 12; 118, 21. 22; 136, 2; *ze guate genumon* 'benedicere' 17, 47; 84, 2; 111, 2; 115, 15; 117, 26.

2. 'gut, besitz, schatz', ebenfalls in häufiger verwendung: 15, 2;
18, 12; 23, 4; 39, 17; 51, 4; 53, 9; 59, 7 *(himilisc, irdisc)*: 64, 5;
70, 7; 74, 2; 83, 13; 85, 7; 102, 5; 103, 28; 106, 8. 18. 34;
108, 11; 111, 9; 118, 81. 127. 161; 121, 9; 127, 5; 134, 3; *gôtolîh*
49, 7; 94, 11. Das gepräge theologischer termini haben *zîtlîchiu
guôt* 36, 26; 48, 14; 89, 10; *erdeguôt* 72, 23; *uuerlt kuôt* 80, 3;
sodann das schon bei Otfrid begegnende *guot* u. 'seligkeit, ewiges
heil': 4, 6; 26, 13; 29, 8; 89, 12; 140, 8; endlich *daz meista guôt*
104, 45, das *summum bonum* Augustins.

Gegensatz fast für den gesamten gebrauch von *guot* ist auch
hier wieder *ubil*, sowohl als adj. wie als starkes neutr. und
schwaches masc. Neben *ubil* steht in gleicher verwendung *arc*
1, 1. 4. 5; 14, 3; 16, 11; 21, 17; 77, 49. 57 u. sonst. Die bedeutung
'geizig', die in einigen glossen erscheint, kommt wie bei Otfrid
so bei Notker nicht vor und verdient überhaupt nicht das gewicht,
mit dem sie oft hervorgehoben wird, z. b. von Graff I, 411: '*arc*,
unser heutiges *arg*, aber in den älteren quellen nur in der bedeutung von 'geizig'; erst später zeigt sich die jetzige bedeutung
von *pravus*, gemäss dem spruche: 'geiz ist die wurzel alles übels'!'
Schon das *arc za peuuîsanne* des Wessobrunner gebets spricht
für frühe gleichwertigkeit mit *ubil*, und auch die etymologische
forschung führt darauf, dass die bedeutung 'geizig' von der grundbedeutung 'böse' abgezweigt ist (vgl. Kluge wb.[6] 18), ein vorgang, der sich bei dem mhd. *boese* wiederholte (vgl. Lexer,
mhd. wb.).

bôsi kommt in den psalmen nur an der oft citierten stelle
23, 8 vor (Graff III 216), wo aber das *pôsin* spätere glosse zu
infirmum ist, die kaum von Notker selbst herrührt; vgl. Kelle
a. a. o. I 271—2. *bôsheit* f. findet sich 23, 4 *in bôshêite* (*in vano*).
Die stellen 77, 66 (2×) und 80, 2 sind dagegen ebenfalls
transscribierte glossen für *vanitas*.

Das verhältnis des ahd. *bôsi*, mhd. *boese* 'wertlos, gering-
wertig' zu mhd. nhd. *boese* in unserem sinne bedarf, wie die
etymologie und bedeutungsgeschichte des wortes überhaupt, noch
der aufhellung, für die eine genauere untersuchung der mund-
artlichen bedeutungen in ihrer geschichte von besonderem werte
wäre. Der betr. artikel im D. Wb. ist wertlos. Zu vergleichen
ist vorläufig Kluge et. wb.[6] 54, wo übrigens Wadsteins nachweis
nordischer verwanten (PBB. XXII 238 ff.) unberücksichtigt ge-
blieben ist.

§ 5. Williram.

Seemüller, Willirams deutsche paraphrase des hohen liedes. mit glossar. 1878.

Wie für Willirams paraphrase des hohen liedes Notkers psalmen überhaupt vorbildlich gewesen sind, so folgt er auch durchweg Notkers sprachgebrauch, der in theologischen kreisen seine vorbildliche geltung lange behielt.

Das adj. *guot* bedeutet bei ihm: 1) 'nützlich, heilsam' neben *salbe* 70, 10; 2. 'angenehm, herrlich' neben *stank* 70, 8; 3. 'vortrefflich' neben *bilede* 31, 6; *luimunt* 42, 6; 4. in ethisch-religiösem sinne: 'gut, fromm' neben *lêra* 58, 23; *sêla* 33, 4; 52, 38; 53, 5; 134, 4 (die *animae simplices* der Vulgata, *die nechêin gedinge nehânt neuuâre ôkkeret in gótes gnádon* 52, 38); neben *uuerch* 22, 3 (verbunden mit *rêine gedánkon*); 58, 23; 66, 13; 69, 11; 80, 5; 132, 7. Auch *guot* n hat neben der bedeutung *richtuom*, 'besitz' 140, 1. 4 ethisch-religiösen inhalt in *guot uuirchen* 103, 16 (von den frommen gesagt.)

Die starke theologische färbung von *guot* nötigte dazu, für die bezeichnung rein praktischer tüchtigkeit andere wörter aufzunehmen So tritt das später so verbreitete *biderbe* in seine stelle neben *gneht* 51, 2. 3; 58, 22 (*fortis*); *agricola* 144, 3, und *biderbe* f. wird 24, 3; *biderbechêit* 31, 6 für *virtus* gebraucht. Ferner übersetzt *edel* das lat. *nobilis* 21, 1 neben *uuîntrûbo*; 21, 3 neben *rebon*; 103, 6 neben *sêla**).

An gegensatzwörtern begegnen nur *übel* neben *hûorare* (*diabolus*) 51, 18 und *uuillo* 72, 4. *arc* fehlt. 52, 17 erscheint *bôslich* synonym neben *scantlîch, unreht*.

§ 6. Das Nibelungenlied.

Bartsch, Der Nibelunge nôt. I. band: text. 1870. II. band, 2. teil: wörterbuch. 1880.

Die bisher behandelten werke sind von geistlichen verfasst, und deutlich war deren ethisch-religiöse wertbeurteilung auch aus dem sprachgebrauch von *gut* erkennbar, indem dieser altgermanische ausdruck der wertschätzung eine biegung ins religiöse

---

*) *sêla* meint person; es ist das erste germ. wort, das den menschen als persönlichkeit bezeichnet, nachdem das christentum diesen begriff gebildet hatte.

erfuhr. Dass indes dieser gebrauch des wortes keineswegs volkstümlich geworden ist, sondern auf die engen kreise der gebildeten beschränkt gewesen sein muss, zeigt der volkstümliche sprachgebrauch des Nibelungenliedes und der Kudrun. *guot* ist auch hier wieder das kernwort für jegliche wertschätzung, von einer religiösen färbung aber ist keine spur vorhanden.

Die stellung des wortes im wortschatz des Nibelungenliedes lässt sich in folgender anordnung leicht übersehen; betreffs der stellenangaben kann ich auf das genaue verzeichnis bei Bartsch II 2, 132 verweisen.

Das adj. *guot* erscheint besonders häufig neben namen von dingen, geräten, waffen, kleidern u. dgl. die in den naiven werturteilen des volksepos eine hervorragende rolle spielen. Es bezeichnet:

1. neben waffen, wie: *Balmunc, brünne, ecke, gewerfen, helm, rant, schilt, strâle, swert, wâfen; stahel* ihre festigkeit, schärfe, ihre tauglichkeit zu angriff und widerstand, ihre vorzüglichkeit überhaupt.

2. neben geräten wie *tavele, tarnhût,* ähnlich neben *scif* und *burc* ihre tauglichkeit zu den zwecken, die man mit ihnen verbindet, also die *tavele* als 'gross' und 'fest', das *scif* als 'fest' und 'schnell', die *burc* als 'sicher'.

3. neben tieren: *marc, ros, spürehunt* ebenso ihre bezügliche brauchbarkeit.

4. neben ausdrücken für kleidung und schmuck: *borte, gürtel, kleit, pfellel, sîde, wât, gewant; gesteine, golt: satel, gezelt* ihre kostbarkeit.

5. 'günstig' bedeutet es, wo eine gewisse abhängigkeit in rechnung kommt, neben *wint, naht, reise;* neben *urloup* 'gnädig'.

6. 'reichlich' neben massbezeichnungen: *teil.*

7. wie bisher in seinen absichten, ist weiter der mensch in seinen natürlichen empfindungen der beziehungspunkt für die verwendung des wortes neben *brunne, doene, gemach, herberge, mete, ruowe, spîse, wîn;* es lässt sich hier durch 'wohlschmeckend, angenehm, behaglich' umschreiben.

8. neben ausdrücken für menschliche eigenschaften u. dgl. bedeutet *guot* steigerung zu besonderem grade: *tugent, triuwe, wille* ('eifrig'); *fröude; sin* (verstand); *site* ('höflich'); *wân* ('gute, also aussichtsreiche hoffnung').

Auch in der anwendung auf personen bleibt das wort im

allgemeinen in dieser teleologischen sphäre; es bedeutet immer, dass die person so ist, wie sie sein soll, also:

9. neben *bote, jägere, meister, videlare* 'geschickt, tüchtig'.
10. neben *degen, helt, knecht, recke, ritter* 'tapfer, trefflich'.
11. neben *bischof, pfaffe* 'fromm'.
12. neben *vriunt* 'treu'.
13. neben *frouwe, juncvrouwe, maget, man, tohter, wîp* 'vornehm, edel'.
14. neben *fürste, künec, marcgrâve* 'edel, milde'; in demselben sinne, oft formelhaft, neben eigennamen: *Giselher, Helche, Kriemhit, Uote* und fast ständig neben *Rüedeger, 'der vröude ellender diete'*, dem typus des milden fürsten. endlich
15. neben *got* 'gütig' (1103, 3 *si bat got den guoten sîner sêle phlegen*).

guot ist also die wertbezeichnung κατ' ἐξοχήν. Es prädiziert den dingen zweckmässigkeit, den menschen trefflichkeit und erlangt in diesem gebrauch einen so weiten umfang, weil es der zeit noch an der begrifflichen und sprachlichen gewantheit fehlte, jedes mal die für diese zweckmässigkeit und trefflichkeit entscheidende eigenschaft der dinge und personen herauszuheben, und andrerseits für die poetische wirkung des epos solche allgemeinbezeichnung in ihrer stärkeren anregung auf fantasie und gefühl an sich den vorzug verdiente.

Die inhaltliche vielseitigkeit des wortes, die uns hier nicht zum ersten mal entgegentritt, erhält dagegen ihre erklärung aus der formalen grundbedeutung von *guot*. 'gut, passend' ist ein reiner beziehungsbegriff, ohne anschaulichen inhalt, den ihm vielmehr erst die verbindung mit einem substantiv verleiht. Deshalb widerstrebt das wort einer vielseitigen anwendung nicht eher, als bis es durch die häufigkeit eines bestimmten gebrauchs allmählich die darin vorliegende specielle bedeutung erhält, die dann die frühere mannigfaltigkeit einschränkt. So war oben die bei Notker überwiegende bedeutung 'fromm' daraus zu verstehen, dass das wort durch häufigen gebrauch in religiöstheologischem sinne darin fixiert und in der folge mehr und mehr da vermieden wurde, wo dieser sinn unangebracht war.

Über den gebrauch der ableitungen, synonyma und gegensatzwörter ist folgendes zu bemerken: *güete* f. erscheint nur zweimal in der bedeutung 'güte, freundlichkeit', *güetlich* dagegen häufig: als adj. neben êre, sehen, site, spruch; als adv. neben antwurten, betten, bieten, enbieten, danken, enphâhen, erbieten, grüezen, handeln, lân, legen, phlegen, sprechen, stân, tuon, umbevâhen, volgen, vrâgen, warnen (stellennachweise bei Bartsch II 2, 130). Durchgehende bedeutung ist 'freundlich', im einzelnen aber meist mit kleinen schattierungen dieses begriffs, besonders liegt oft 'höflich, dem ritterlichen anstand entsprechend' nahe. Von dieser schattierung des begriffs abgesehen, tritt in dem adv. güetliche stärker als im adj. guot ein ethischer sinn heraus, eine leicht begreifliche erscheinung, da das adverb praedikat des verbalinhalts ist und handlungen, weil sie einzeln geschehen und als ganzes und in ihren folgen rasch überschaut und empfunden werden, eine ethische beurteilung eher erfahren als personen (vgl. Wundt, Ethik² 26, 37).

Zu *guot* gesellen sich an synonymen:

1. *wert* als allgemeine bezeichnung der vortrefflichkeit neben *degen* (2 mal), *gast* (4), *man* (2), *recke, ritter, witewe* (je 1 mal).

2. *vrum*, das in sich die entwickelung von *guat* wiederholt und a) 'nützlich, förderlich, hilfreich' (2 mal), b) 'tüchtig, brav, tapfer' (3) bedeutet.

3 *biderbe* 'tüchtig, tapfer' (8 mal). endlich

4. *edel*, das, als persönliches attribut häufiger als *guot* und oft formelhaft gebraucht, neben personen nur 'von vornehmer herkunft', nicht aber 'edel' als sittliche eigenschaft, und neben dingen, z b. *stein, gesteine,* 'kostbar, ausgezeichnet' bedeutet (vgl. Bartsch s. 86).

Die gegensätzlichen adjektive sind fast gleichwertig und gleichhäufig: *übel* neben *Hagene* (1), *hôchzît* (1), *man* (1), *tiuvel* (5), *vâlant* (1 mal); *arc* neben *hôchgezît, Kriemhilt, lîp, muot* (je 1), *list, wille* (je 2 mal); *boese* neben *danc, ende, goume, künec (Etzel), maere* (je 1 mal): neben *Hiune* (1) und *zage* (3) bedeutet es 'feige'. Viermal erscheint *ungefüege* 'unschicklich, unfügsam, wild', während *gefüege* fehlt. Dagegen dient als adv. überwiegend *übele* im sinne von 'übel, böse, schlimm, schlecht, zum unglück, mit unrecht' (vgl. Bartsch 317). Es steht neben *bewarn, bewenden, erbeiten, gebâren, gemuot sîn, geschehen, gestân, gewinnen, goume nemen, grîfen, lûten, nemen, rechen, reden, stân, tuon, verheln, vliesen, volgen, wern, ziehen, zuo komen*.

§ 7. Kudrun.
Martin, Kudrun. 1872.

Neben der direkten abhängigkeit vom Nibelungenliede, die Kettner (Über den einfluss des Nibelungenliedes auf die Gudrun. Zfdph. XXIII 145—217) für inhalt und fassung zahlreicher strophen der Kudrun erwiesen hat, macht sich im sprachgebrauch beider epen eine durchgehende übereinstimmung bemerkbar, die auch an userm worte erscheint. — Da ein stellenverzeichnis noch fehlt, gebe ich hier die stellen an.

Das adj. *guot* wird vom dichter der Kudrun gebraucht:

1. in der bedeutung 'stark' von waffen: *halsberc* 500, 3; *helm* 505, 4; *schaft* 868, 2; *schilt* 356, 4; 460, 3; *swert* 794, 3; 1467, 3; 1483, 4; *wâfen* 884, 4.

2. in derselben bedeutung von geräten, schiffen, burgen, wobei specialisierende adjektive wie *veste, stark* oft verdeutlichend hinzutreten: *schif* 249, 2; 747, 3; 1131, 3 (*veste unde guot*); *kiel*, 838, 4; 854, 1; 946, 2; 1072, 2 (*stark u. g.*); *kocke* 257, 1; 1102, 2; *galîe* 276, 1 (*veste u. g.*); *masbuum* 265, 1 (*veste u. g.*); *segelboum* 1126, 4; *anker* 1126, 2; *ankerseil* 266, 3; *turn* 138, 4 (*veste u. g.*); *burc* 789, 4 (*Matelâne**); 986, 2; 1226, 2; 1227, 2 (*veste bürge guot*); 1290, 3; 1333, 2; 1534, 2 (*Cassiâne*); 1536, 1 (*veste, wît und guot*); 1546, 2.

3. in singulären teleologischen bedeutungen: a) 'heilkräftig' neben *wurze* 530, 1; b) 'kräftig, stattlich' neben *mære* 15, 2; *ros* 1408, 2; 1677, 3. c) im sinne allgemeinerer wertschätzung in der stelle 118, 3 *von Indiâ der guoten* (etwa: vom schönen Indien), die, wie Kettner (a. a. o. 156 anm. 3) vermutet, nach Nib. C. 353, 2: *von Zazamanc der guoten* gebildet ist.

4. in der bedeutung 'kostbar' von kleidung und ausstattung: *gewaete* 36, 3; *gewant* 42, 1; 66, 3; 219, 2; 1645, 1; 1683, 1; *wât* 1669, 3; *kleit* 49, 4; 107, 2; 1024, 2; *mantel* 332, 1; *sîde* 487, 3; 864, 3; *satelkleit* 15, 2; *satel* 1675, 2; *bouc* 443, 4; ähnlich auch *silber* 268, 1; *golt* 398, 3; 1308, 1

5. in der bedeutung 'günstig' von *luft* 846, 4; *wint* 1132, 4; 'gesegnet': *âbent* 1220, 4; *morgen* 1220, 1.

---

*) Martin weist mit recht Hildebrands auffassung dieser stelle zurück, der Zfdph. II 474 in der anmerkung meint: *guot* scheint hier 'miser' zu sein, mitleidig gesagt; vgl. 'der gute kerl' von einem armen sünder D. Wb. V 581: *juwe dode dochter, dat gude hôn.* Reinke Vos. 411.

6. in der bedeutung 'reichlich': *mâze* 44, 3; 325, 2; *spîse* 838, 4 ('proviant').

7. 'angenehm': *spîse* 116, 4; 838, 4 (oder 'reichlich'?); 1012, 3; 1150, 1; *wîn* 439, 2; 1042, 3; 1331, 1; *guote dinge* 1143, 2 (nämlich *vrische kalte brunnen*); *sanc* 377, 2 (*süeze wîse*).

8. in verschiedener bedeutung neben abstrakten: a) 'freundlich, gütig': *rede* 992, 2; *wille* 189, 3; 272, 2; 398, 2; 606, 4; 992, 4; 1310, 3; 1681, 3. b) 'höflich': *site* 423, 2; 483, 1; 1044, 3. c) 'gross': *vröude* 314, 3. d) 'angenehm'; *leben* 467, 2. e) 'fest': *gedinge* ('absicht') 945, 3; 1531, 4; 628, 2 ('hoffnung').

9. 'trefflich, tüchtig' von personen: *bote* 608, 3; 1099, 1; 1154, 4; 1206, 2; *schifliute* 745, 2 ('seekundig'); *kamerære* 1567, 4; (vgl. *ein gefüeger kamerære* 392, 1); *wirt* 1593, 3.

10. in der häufigsten verwendung 'tapfer' neben *degen* 397, 4; 409, 4; 414, 4; 454, 2; 589, 4; 743, 2; 953, 2; 1160, 1; 1365, 2; 1600, 4; 1655, 4; 1665, 2. *helt* 6, 2; 58, 4; 91, 4; 472, 2; 479, 2; 497, 3; 523, 2; 612, 2; 688, 3; 817, 4; 858, 3; 867, 1; 1100, 3; 1109, 4; 1244, 3; 1399, 4; 1421, 2; 1453, 4; 1475, 2. *kneht* 344, 3; 1389, 2. *recke* 203, 1; 219, 3; 255, 3; 440, 4; 665, 4; 718, 3; 820, 4; 821, 3; 865, 4; 868, 1; 902, 2; 1113, 4; 1295, 2; 1349, 4; 1430, 4; 1540, 2; 1554, 2; 1623, 4. *ritter* 115, 2 (*stolz u. g.*); 196, 1 (*guot ze strîte!*); 420, 1; 512, 1; 549, 3; 647, 2; 654, 4; 664, 3; 966, 4; 969, 2; 1091, 4; 1117, 4; 1161, 1; 1195, 4; 1334, 2; 1390, 4; 1405, 2; 1410, 3; 1416, 1; 1429, 4; 1449, 2; 1464, 1; 1466, 4; 1484, 1; 1495, 1; 1515, 4. *swertdegen* 331, 4. *Wigalois der guote* 1089, 3. absolut 715, 1.

11. in singulären bedeutungen von personen: a) 'fromm': *pfaffe* 915, 4. b) 'treu': *vriunt* 237, 2; 1419, 4 ('hilfsbereit'). c) 'brav': *ir guote schifliute* 133, 3 (siehe oben § 3 *guat* 2).

12. in der bedeutung 'vornehm, edel' neben *küneginne* 334, 2; *maget* 766, 4; 951, 4; 1271, 2; 1299, 2; 1312, 1; absolut 1483, 4 (*ieman guoter* M.).

Unter den aufgezählten bedeutungen fehlen fast gänzlich die ethisch-religiösen, die der christlich lateinische einfluss in der ahd. litteratur in den vordergrund geschoben hatte. In den beiden volksepen dagegen erscheinen die alten denk- und sprachgewohnheiten wieder, es waltet in ihnen die altgermanische lebensanschauung mit ihren ungeistlichen wertmassstäben, der brauchbarkeit und des äusseren wertes für die dinge, der tüchtigkeit und vornehmheit für personen. Auch aus der art der mit *guot* verbundenen substantive ist ersichtlich, wie der sinn der epen noch ganz nach aussen gerichtet ist: waffen, gewänder und helden '*guot ze strîte*' ziehen die regste begierde und bewunderung auf sich. Die '*tugent*' ist noch reine tüchtigkeit (doch vgl. übergänge wie 1636, 1: *ich weiz iuch in den tugenden, daz ir mir niht râtet wan êre unde guot*); die wertbeurteilung kennt noch keinen unterschied zwischen handlung und gesinnung; die vertiefung von *milte* 'freigebig' zu innerer güte, von *guot* 'tapfer, tüchtig, vornehm' zu innerer tüchtigkeit des geistes und charakters ist kaum in leisen spuren bemerkbar. Dieser mangel ethischer verinnerlichung gilt natürlich nicht in dem sinne, dass innere güte nicht empfunden worden oder überhaupt nicht vorhanden gewesen wäre: man empfand sie aber wesentlich in ihrer äusseren bethätigung, und davon giebt der sprachgebrauch ein deutliches bild.

Den weiteren sprachgebrauch von *guot* zu übersehen, mögen noch folgende zusammenstellungen helfen: *guot* adj. in praedikativer verwendung neben *dunken* 343, 2 ('richtig'); 1031, 2; 1503, 2; 1620, 1; *wesen* 1049, 1; 1062, 4 (*ez sî übel oder guot*); 1465, 2; 1517, 4; in *ez guot gewinnen* 1437, 2; *ez guot tuon* 1082, 2 (vgl. *daz beste tuon* und darüber R. Hildebrand in seinen aufsätzen u. vorträgen seite 45 ff.).

guot n.: 'gutes' 636, 1; 730, 2; 966, 2; 1636, 1; 'vorteil, segen' 608, 1; 730, 4; 787, 4; 1286, 3; *guotes getrouwen* 1161, 4; 1457, 4; *guot und übel lîden* 1210, 4; *ez vür guot vervâhen* 700, 4; 1008, 4; 1226, 4.

guot n. 'besitz': 2, 4; 21, 1; 32, 2; 141, 1; 180, 2; 324, 4; 347, 2; 351, 1; 541, 2; 558, 3; 591, 2; 618, 3; 645, 2; 756, 2; 795, 2; 909, 4; 910, 4; 987, 4; 991, 2; 1132, 3; 1159, 3; 1472, 1; 1499, 4; 1506, 2; 1553, 2; 1557, 2; 1576, 3; 1678, 1; 1681, 1; 1685, 4; 1686, 2.

güete f.: *gotes* 69, 4; 81, 4; 111, 3; 125, 3; 'güte' (der Kudrun) 103, 3; 'tüchtigkeit' 524, 2; 1698, 4.

güetlîchen adv.: *ansehen* 416, 4; 1602, 1; *biten* 1579, 2; *enphâhen* 96, 1; *leisten* 1021, 1; *lêren* 994, 4; *bî der hende nemen* 274, 2; *phlegen* 65, 4; 83, 4; 1001, 3; *wern* 325, 4; 1679, 4.

Wie diese ableitungen, werden auch die synonyma wie im Nibelungenliede gebraucht:

edel: a) 'kostbar' neben *gesteine* ('edelstein') 251, 4; 308, 3; 1006, 4; 1131, 3; 1585, 3.

b) 'vornehm' neben *gisel* 849, 1; 1600, 1; *helt* 63, 2; *Hilde* 395, 2; *ingesinde* 480, 4; *iuncvrouwe* 539, 3; *kindel* 78, 1; 80, 1; *kint* 60, 4 (*Hagene*); *künec* 143, 1; 222, 3; *küneginne* 40, 4; 62, 2; 152, 3; 337, 2; *künne* 1309, 2; *mâge* 1010, 4; *magedîn* 406, 1; *maget* 57, 2; 385, 4; 409, 3; 480, 1; 1167, 4; *man* 213, 3; *minne* 577, 3; 622, 4; *muoter* 370, 4; *ritter* 121, 1; 478, 1; 511, 3; 1622, 1; *Uote* 42, 4; *vrouwe* 198, 3; 224, 3; 622, 1; *vürste* 167, 1; 199, 3; *vürstenkint* 1479, 1. 4; 1480, 1; *wîp* 139, 1; *witewe* 1593, 4.
biderbe, bereits ethisch gebraucht, 565, 4; 1185, 3 (*die sint wol sô biderbe, daz sie dich niht triegent*); 1410, 4.
vrum und *wert* fehlen.

Unter den gegensätzen nimmt *übel* immer noch die hauptstellung ein; vgl.
   a) *übel* adj. neben *du übele galle* (schimpfwort) 1278, 1; *gast* 865, 2; *Gerlint* 993, 1; 1000, 1; 1027, 2; 1051, 1; 1064, 1; 1188, 3; 1194, 4; *grif* 88, 4; *tiuvelinne* 1004, 1.
   b) *übel* n: *mit übele* 1002, 3 (Martin: fem.); 1593, 3.
   c) *übele* adv. neben *gemuot* 58, 3; *gebâren* 137, 4 ('zornig') 1474, 4 ('ängstlich'; grundbedeutung also 'über die *mâze*'); im sinne von 'schlecht' neben *enbizzen* 72, 3; *sich gehaben* 923, 4; *geniezen* 1205, 4; 1253, 4 (litotes); *helfen* 413, 4; *hüeten* 823, 2; im sinne von 'schlimm' 610, 4 (*lêhen nemen*); 807, 2 (*ez ist mir komen übele*).

An synonymen kommen vor:
   1. *boese* 'gering, schlecht' neben *kneht* 1276, 3; *zage* 1476, 1; in der verbindung *der beste, der boeste* 1263, 3; 1264, 1; 1631, 2.
   2. *arc* nur 614, 4 *arges willen*.
   3. *ungevüege* neben *dôn* 382, 3; *tagewîse* 382, 4; *zuht* ('rohe züchtigung') 1279, 4; 1282, 4; *zürnen* 889, 3.
   4. *wilt* neben *tier* 167, 2; *Hagene* 226, 4; 250, 4; 255, 4; 312, 1; 315, 1; 381, 1 u. sonst; *wîp* 529, 3 (vgl. Grimm myth. 403).
   5. *unguot* 1377, 2: *die vrouwen ellende dûhte ez unguot*, 'schlimm'.

§ 8. Iwein.

Benecke u. Lachmann, Iwein. 4. auflage. 1877.
Benecke, wörterbuch zum Iwein. 2. auflage durch Wilken. 1874.

Mit dem Iwein treten wir in den höfischen sprachgebrauch ein, dessen eigentümlichkeit, die einer eingehenden untersuchung noch harrt, in der gehobenen subjectivität des höfischen lebens wurzelt und am wortschatz äusserlich in der bevorzugung moderner ausdrücke vor den volkstümlichen formelhaften bindungen, inhaltlich in der gesteigerten abstraktion und persönlicheren färbung, die immerhin im banne der höfischen regel bleibt, in die erscheinung tritt. An unserem worte lässt sich, wenngleich es auch hier seine gewohnte mittelpunktsstellung im ethischen wortschatz behauptet, zunächst nur eine geringe derartige beeinflussung bemerken; die lange tradition des wortes besonders in teleologischer verwendung verhinderte eine stärkere umdeutung. Beneckes wörterbuch z. lw.² s. 109—11 liefert ein vollständiges stellenverzeichnis; ich verweise darauf, nur zitiere ich, wo zur veranschaulichung der häufigkeit eines gebrauchs stellenangaben erforderlich sind, nach der versziffer.

guot adj. bedeutet im Iwein:

1. neben dingen: a) 'vortrefflich': *boge* 3265; *salbe* ('heilsam') 3689; auch *ros, ors,* 1060. 2556. 6982. b) 'kostbar': *gereite* 3463; *tjost* ('prächtig') 2580. c) *wec* 5553 (eine 'ziemliche' strecke). d) 'angenehm': *gemach* 1693. 1783. 3648. 4360. 4383. 5131; *herberge* 976; *spîse* 367. 1222. 4818.

2. neben abstrakten: a) 'nützlich, trefflich': *kraft* 2953; *lêre* 4877; *rât* 2153. 3422. 4629. 4889. 5290; *wort* 3125; b) 'reichlich, gross, trefflich': *kündecheit* 2182. 3599; *mâze* 3365; *vreude* 6531; *vride* ('fest') 1915; *witze* 2721. c) 'günstig': *state* 2195; *zît* 4309. 8016. d) 'angenehm': *gelücke* 5517; *heil* 596. 833. 7309; *lebn* 8159; *mære* 2207. 3680 (*swie vil gefüege wære ditz guote lügemære*). 5922; *tac* 1749 (*guoten tac und senfte zît*). e) 'freundlich, prächtig nach der norm des höfischen verkehrs': *antphanc* 2081; *handelunge* ('behandlung') 389. 791. 2656. 3053. 5585. 6480; *site* 245. 1872. 4595; *wirtschaft* 2693. f) 'sittlich gut' von gesinnung und charakter: *herze* 5518. 82; *muot* 476. 2556. 5218. 5518. 5604. 6352 (*gemüete* 1663 'fröhlich'); *sin* 2427; *wille* 759. 5026. 5604 (*reine unde guot*). 6298 (*bescheiden u. g.*) 6352 7953; ferner *wandelunge* (vom bösen zum guten) 1883.

3. neben personen: a) 'tüchtig, trefflich': *bote* 6065; *wirt* 3654. b) 'trefflich, edel': *Artus* 5; *Gawein* 5688; *kneht* 2513. 2901. 6940. 7342 ('tapfer'); *künegin* 230; *Lunete* 5561; *magt* 1739. 5229; *riter, ritter* 42. 2453. 5345. 7292. 7393; *wîp* 2429. 3350. 7897. c) 'sittlich gut': *geselleschaft* 5110; *liute* 6324; *man* 4898 (*wie zæme daz guotem manne?*); zu 1286 (*suochent, guote*

liute vgl. oben § 3 unter *guat* 2). d) 'gnädig': *got* 3261. 5357. 5972; *heiligen* 7935, fast immer in der anrede*).

4. Der praedikative gebrauch des wortes ist

a) teleologisch: *daz ist guot* 'richtig, angemessen' (7 ×); *guot vermiten* (2 ×; vgl. die beispiele Gr. gr. IV 129); *daz dûhte si guot* u. ä. (11 ×): mit dem dativ des interesses: *ez ist im guot* 3900; *waz iu si nütze u. g.* 1988; mit *vür* 5393: mit *ze* 2477. 3809.

b) ethisch: 483 (*bist übel oder guot?* als erste frage an den *ungevüegen* waldmann: 'feind oder freund, bös oder gut'; ethische allgemeinbezeichnung): 2024 (*getriuwe u. g.*): 2699 (*höresch u. g.*); 4506 (*biderbe u. g.*): 4812. 4860. 5582; substantiviert 1681. 6003. 7299. 7691 (*mit einvaltem muote*) 7941.

Die unterschiede vom volkstümlichen sprachgebrauch liegen auf der hand: *guot* steht hier häufiger neben personen und abstrakten als neben dingen. Neben dingen fehlt hier im allgemeinen die bedeutung blosser brauchbarkeit (z. b. dort von waffen) und äusseren wertes (dort von kleidung und ausstattung), neben personen die bedeutung der tapferkeit, die in den volksepen überwog. Anstatt ihrer sind hier höfische und sittliche bildung zu massstäben des wertes geworden, wie *guot* 2e, f; 3b, c; 4b zeigt; das wort ist vertieft und vergeistigt.

Die bedeutungsformen des abstraktums *güete* f. entsprechen denen von *guot*, von denen sie ausgehen: *güete des swertes; des wibes; ir hövescheit und ir güete; durch reht noch durch g.; g. u. michel tugent; got durch sine g.: staete g.: rehte g.* (v. 1 'das wahrhaft gute'). Siehe die stellenangaben bei Benecke.

güetlich, güetlichen bedeutet wie immer 'wohlwollend, freundlich'; *guot* n. a) 'vermögen': *g und êre, g. und lip; varndez guot.* b) in adverbialen verbindungen: *durch g. mit guote. ze g.* (2052 *ze suone und ze guote*). c) 'gutes': *tuon, verdagen, verkêren, geschehen; einem eines guotes danken; iht guotes.*

---

*) Diese anrede, noch jetzt in formelhaften resten erhalten, besass ursprünglich eine ähnliche lebhafte persönliche beziehung wie die spätere *lieber gott*, deren lebendiger empfundener gefühlston (vgl. die bekannte stelle in Luthers sendbrief vom dolmetschen) jene allmählich verdrängte. Das wort *lieb* ist aus der sprache der minne auf die gottesminne der mystiker und dann auf das gottvertrauen der protestanten übertragen. Jene bezeichnung charakterisiert die religiöse beziehung als ein verhältnis gottes zum menschen — 'gnädig'; diese als ein verhältnis des menschen zu gott — 'lieb'. Ihrer chronologie entspricht also ihr inhalt: jener ist mittelalterlich, dieser neuzeitlich.

Von den synonymen bewahrt *edel* auch hier seine ursprüngliche bedeutung (allgemeiner: 3475 *mit der vil edeln salben*). Über *biderbe* bemerkt Benecke zu v. 1927: '*biderbe, tiure, vrum* von rittern gebraucht, sind gleichwertig'; zu v. 3752: 'weit häufiger (als die ursprüngliche bedeutung 'nützlich') hat *biderbe* die abgeleitete bedeutung 'brav, bieder' (schon Williram übersetzt damit *fortis*) und dann 'vornehm' im gegensatz zu *boese* 'niedrig, von gemeinem stande', wobei der begriff von wirklicher trefflichkeit, so wie bei *bœse* der begriff von schlechtheit, ganz schwinden kann'.

Die wichtigsten gegensatzwörter stehen im Iwein in folgendem gebrauch:

1. *übel* a) 'schlimm': als adj. neben *zît* 1741; als n. 'übles' 848; adv. 3498. b) 'böse': als adj. neben *diet, muot, tiuvel*; prædikativ 483 (*bist übel oder guot*); als objektsacc. neben *tuon*.

2. *arc* 'böse' neben *list, schalc*: geschehen. (stellen b. Benecke).

3. *bœse* a) 'gering, schlecht': *hemde* 185; *iht bœses* 1573. b) 'prahlerisch': *rede* 5009 (vgl. Wigal. 2256. 2267); absolut 2499 (*swâ sich der bœse selbe lobt*). c) 'schlimm, schlecht': *mære, site* 17; *stat* 285; von personen d) 'gering': *garzûn* 4496; *man* 38. 5521. e) 'schlimm': *geltære* 7163. f) 'böse, schlecht': *man* 2485 ('neidisch'); 7367 ('schadenfroh'); *Keiî* 2580; abs. 144 (*der bœste ist dir der beste*). vgl. auch 839 *daz bœste sagen*.

Während *guot* seine vorrangstellung behauptet, erliegt also *übel* mehr und mehr seinem konkurrenten *bœse*. Hier steht es bereits an zahl der fälle hinter *bœse* zurück; mehrere derselben sind traditionell wie der *übele tiuvel, übeliu diet, übel oder guot*; es dient fast nur noch zur moralischen gesamtcharakteristik und hat seine übrigen bedeutungen an *bœse* verloren. Denn die annahme solcher direkten, analogisch zu erklärenden herübernahme von bedeutungen wird hier kaum zu umgehen sein: hat ein wort ein anderes in einer bestimmten anwendungsweise verdrängt, so kann es von hier aus den gesamten gebrauchsumfang desselben erobern (z. b. konkurrierte *hübsch* mit *schön* zunächst in der bezeichnung von bewegungen, jetzt auch von gesichtern, landschaften; in der umgangssprache konkurriert *schön* mit *gut* und übernimmt sogar teleologische bedeutungen). Was nun *bœse* überhaupt den vorrang vor *übel* verschafft hat, war die grössere anschaulichkeit und persönlichere beziehung, die in dem worte immerhin deutlich ist, mag man nun 'gering, dürftig' oder — was der verbreitete gebrauch des substantivs *bôsheit* in diesem sinne nahe legt — 'erregt, zornig' als seine ursprüngliche bedeutung erweisen. (vgl. J. Grimms feinfühlige bemerkungen über das wort D. Wb. II 247 ff.). Das wort *übel* packte nicht mehr, und das müssen ausdrücke des unwerts in erster linie; es sank stetig und wird gegenwärtig nur in überresten seiner einstigen bedeutungen gebraucht.

§ 9. Parzival.
Lachmann, Wolfram von Eschenbach. 5. ausgabe durch Weinhold 1891.

In Wolframs Parzival, zu dem ein Wörterbuch leider noch fehlt, nimmt unser adj. *guot* folgende Stellung ein (die citate erstreben keine absolute vollständigkeit):

1. neben dingen: a) 'nützlich, heilsam': *salbe* 484, 15. b) 'angenehm': *fiur* 578, 7; *herberge* 64, 9; *spîse* 581, 24. c) 'tüchtig, reichlich': *kropf* 132, 2. d) vom *grâl* 819, 19 ('heilgebend').

2. neben abstrakten: a) 'nützlich, trefflich': *lêre* 2, 8; *rât* 340, 13. b) 'reichlich, gross': *fröude* 581, 26; *lôn* 471, 13. c) 'angenehm': *ende* 502, 11; *gemach* 34. 24; 549, 2; 642, 14; 651, 20; 800, 13; *herberge* 64, 9; *morgen* 125, 1; 604, 20; *naht* 242, 22; 641, 24. d) 'trefflich, den höfischen begriffen entsprechend': *gebærde* 414, 23; *geleite* 720, 15; *ritterschaft* 214, 18; *site* 478, 19; *wirtschaft* 486, 26; *zuht* 8, 5; 18, 28; 551, 4. e) 'sittlich gut': *gunst* 643, 22; *helfe* 578, 2; *herze* 477, 11; *triuwe* 482, 20; *werc* 751, 3; *wille* (öfter nur 'freundlich') 449, 21; 552, 1; 658, 5; 765, 27; 803, 17.

3. neben personen: a) 'tüchtig': *videlære* 19, 12; 639, 5; 'trefflich': *rihtære* 826, 6. b) 'tapfer', 'trefflich, edel': *degen* 30, 4; *knappe* 138, 7; 155, 4; 156, 29; *rîter* 768, 17; 769, 13; 822, 13. c) 'edel, trefflich': *Arnive* 729, 2; *Anfortas* 816, 11; *neve* 141, 14. d) 'brav, gut, edel': *friunt* 765, 29; *liute* 208, 30; 572, 9; 660, 25; *man* 740, 30; *wîp* 3, 3; 8, 11; 507, 8; 738, 15; 740, 30; 766, 9; 826, 25; 827, 25; abs. 812, 14. e) 'fromm': *hêrre* 476, 14; *liute* 447, 11; *man* (Trevrizent) 458, 25; 460, 19; 476, 23; 487, 22; 799, 13.

4. *guot* steht in rein teleologischer verwendung mit *ze* 2, 18; 116, 16; 124, 2; 231, 19; 387, 19; 479, 1; 792, 2; *für* 818, 2; *gegen* 403, 28; mit persönlichem dativ 572, 25; 580, 21; 628, 7.

5. *guot* n.: a) 'besitz': 5, 12; 9, 3; 11, 12; 17, 11; 53, 21; 54, 4; 267, 10; 464, 17; 497, 3; 521, 30 u. sonst. b) 'gutes' 53, 3; 70, 19; 470, 12; *gunnen* 647, 22; 827, 27; *tuon* 46, 19; 50 10; 70, 7; 73, 25.

6. *güete*: a) *gotes*: 795, 22. b) 'frömmigkeit': 804, 16. c) 'freundlichkeit, trefflichkeit': 170, 27; 394, 13; 402, 1; 715, 14; 806, 19; 815, 15 (*güete unt mildekeit*); 823, 13.

Der immerhin noch reiche inhalt des wortes hat gegen früher dadurch verloren, dass mehrere bedeutungen abgezweigt und in selbständigen wörtern zum ausdruck gebracht sind. So bezeichnet Wolfram die kostbarkeit der dinge durch *tiure*, z. b. neben *fürspan* 168, 19; *gezelt* 666, 5; *goltvaz* 809, 21; *gürtel* 168, 16; *kopf* ('becher') 702, 7; *koste* 695, 15; 758, 22: *kleit* 778, 17: 809, 5; *pfelle* 687, 27; 760, 16; *salbe* 578, 8; *schâl* 794, 23; *stein, gesteine* 735, 28; 756, 29; 757, 3. 22; 773, 16; *wâpenroc* 735, 20: *zoum, satel, runzit* 779, 3; 312, 13.

Wenn ferner *guot* noch im Iwein auch höfische vortrefflichkeit bezeichnet hatte, so erscheint hier *wert* als typischer ausdruck dafür. Der neue wertbegriff erhielt damit seine selbständige bezeichnung. Das wort wird, von wenigen abstrakten abgesehen, nur von personen gebraucht.

Die bedeutung des wortes *wert* ist schon aus der folgenden übersicht des gebrauchsumfangs ersichtlich. Es steht neben

Anfortas 823, 23; *Bertûn* 665, 18; *Cidegast* 615, 29; *Feirafiz* 782, 3; *Gahmuret* 14, 11; 61, 18; 748, 15; 808, 26; *Gâwân* 338, 4: 371, 17; 392, 17; 599, 25; 624, 21; 631, 7; 652, 5; 668, 26; 676, 8; 677, 23; 679, 1; 685, 6; 689, 3; 703, 19; *Grâmoflanz* 631, 19; 633, 21; *Lanzilôt* 583, 8; *Lôt* 401, 27; *Meljanz* 673, 11; *Parzivâl* 706, 17; 723, 24; 730, 26; 771, 23; *Punturteis* 682, 15; *Sangîve* 762, 22.

amie 586, 3; *bruoder* 686, 14; *degen* 63, 13; 213, 3; 665, 12; 666, 17; 688, 15; 754, 24; *diet* 496, 17; 617, 15; 676, 26; 754, 1; *friunt* 826, 26; *frouwe* 61, 5; 309, 27; 410, 24; 563, 22; 595, 12; 610, 17; 645, 30; 695, 26; 698, 21; *fruht* 166, 16; *gast* 15, 4: 22, 25: 410, 19; 530, 26; 811, 5; *gespil* 646, 11; *hant* 737, 2; *helt* 749, 17; *iuncfrouwe* 414, 13; *kint* 177, 23; 806, 2; *knappe* 157, 21; 639, 7; *künne* 753, 28; *künec* 635, 22; 656, 25; 693, 5; 699, 20; 731, 4; *lip* 338, 27; 653, 30; 660, 24; *liute* 670, 28; 755, 13; 761, 18; 824, 19; *mâc* 763, 17; *maget* 710, 27; 715, 21; 784, 22; *man* 14, 11; 61, 18; 62, 23; 72, 11; 152, 9; 185, 19;

206, 19: 217, 12; 513, 17; 611, 8; 651, 5; 678, 28; 753, 9; 755, 3; 766, 10; 797, 5; *massenîe* 221, 11; *œheim* 682, 9; *rîter* 309, 27; 318, 13; 624, 14; 648, 15; 666, 24; 682, 30; 763, 27; 768, 22; *schar* 806, 8; *soldiere* 728, 26; *stat* 746, 9; *swestersun* 649, 13; *vater* 497, 22; *wîp* 223, 11; 802, 8; ferner neben *dienst* 645, 23; *dinc* 765, 1; *fröude* 645, 17; *gedinge* 177, 5; *prîs* 152, 2; 172, 8; *duz werde* 291, 9; substantiviert 308, 4; 316, 10; 353, 6; 626, 6; 650, 8; 659, 11; 674, 19; 706, 7; 718, 14; 723, 15; 766, 14; 775, 19; 777, 26; 780, 2; 781, 25.

Von den übrigen synonymen zu *guot* hat *edel* die hergebrachte bedeutung neben *fürstin* 310, 3; 327, 1; *gast* 530, 26; *herzogin* 655, 20; *kint* 794, 3; *künegin* 519, 18; *rîter* 624, 14; *rîterschaft* 558, 21; absolut 582, 23; neben *gesteine* 84, 25; 100, 30; 107, 3; 519, 15; 702, 7; 735, 18; 743, 5; 773, 16; 790, 19, 29; *boum* 508, 10.

Wolfram eigentümlich erscheint dagegen die ausdehnung, welche die wörter *hôch* und *süeze* bei ihm gefunden haben, jenes als graduelle, dieses als qualitative wertbezeichnung; letzteres auch, wie alle übertragung von geschmacksbegriffen auf die wertschätzung, ein zeichen der gesteigerten individualitätsempfindung. *hôch* ist attribut zu *art* 8, 5; 164, 15; 170, 23; 462, 23; 824, 4; *dinc* 773, 10; 784, 30; *fröude* 312, 30; *funt* 769, 24; *geslähte* 483, 17; *linge* 177, 6; *murre* 783, 30; *muot* 792, 1. absolut 785, 15. *süeze* 'freundlich, gütig' ist attribut zu *Anfortas* 734, 9; 819, 3; 820, 28; 821, 3; *Cundrîe* 669, 25; 764, 12; *frouwe* 595, 16; *Itonjê* 765, 14; *kint* 576, 21; *knabe* 743, 16; *maget* 622, 11; 692, 16; 711, 30; 712, 10, 713, 21; 718, 23; *man* 374, 22; 748, 26; *munt* 650, 25; 696, 23; 698, 2; 729, 18; 766, 5; *œheim* 479, 11; *site* 18, 23; *tac* 774, 30; *wort* 766, 5; 827, 30; absolut 368, 25; 369, 1; 559, 3.

Endlich gruppiert sich um die bisher besprochenen kernwörter des sittlichen wortschatzes im Parzival eine grössere anzahl von adjektiven, die in beschränktem umfange verwendet, bedeutungen tragen, die bisher mit *guot* verbunden zu sein pflegten; z. b. *gebære* 455, 6 (*ungebære* 657, 6; 713, 26); *gefüege* 13, 9; 74, 10; *gehiure* 21, 26; 95, 1; 168, 15; 315, 25; 789, 30; *helfeclich* 766, 16; *kiusche* 5, 22; 26, 15; 159, 17; *nütze* 187, 24; *reine* 164, 15; 469, 4 u. a. m.

Als wichtigstes gehört zu dieser gruppe das lehnwort *clâr*, das indessen weniger ethischen wert als den glanz der äusseren erscheinung der personen bezeichnet (vgl. 780, 2 *diu werde, niht diu clâre*, von der gralbotin gesagt). *clâr* steht in diesem sinne z. b. besonders neben *frouwe* 556, 12; 595, 12. 16; 601, 19; 607, 16; 630, 5; 636, 18; 669, 18; 672, 24; 682, 11. 22; 709, 25; 723, 12; 758, 29; 766, 8; 800, 25; 806, 9; *maget* 331, 19; 631, 11; 632, 13; 811, 3; ferner neben eigennamen: *Anfortas* 617, 7; 810, 7; 811, 18; 823, 23; *Orgelûs* 598, 17; 612, 21; *Parzivâl* 696, 15; *Itonjê* 728, 16 u. m.; endlich neben dingen: *bach* 663, 1; *vel* 806, 16; *zopf* 151, 24 u. sonst; auch *lieht* adj. wird ähnlich gebraucht.

Im allgemeinen bedeutet jedes der synonymen eine einschränkung für *guot*, besonders da diese einbusse durch keine aufnahme neuer verwendungsweisen ausgeglichen wird. Das wort wird durch seinen konkurrenten *wert* aus seiner so lange behaupteten mittelpunktstellung verdrängt und beschränkt seinen inhalt — abgesehen von der unlebendigen formel *der guote man* für 'frommer einsiedler' — auf die begriffe 'nützlich, angenehm, reichlich, trefflich' für unpersönliche, 'tüchtig, trefflich, brav' für persönliche beziehungen. Damit kehrt es zu seinem ursprünglichen inhalt zurück; der teleologische grundzug des wortes blickt wieder überall durch; denn auch der begriff des guten ist doch im letzten grunde nur eine wenn auch noch so erhebliche steigerung der idee des nützlichen.

Es erübrigt noch das verhältnis von *guot* zu seinen gegensatzwörtern ins auge zu fassen.

1. *übel* wird mehr und mehr auf adverbialen gebrauch eingeschränkt: das adj. steht neben *ouge* ('übelwollend') 407, 8; *maget* ('ehrlos') 609, 7; das adv. neben *ezzen* 279, 19; 452, 16; *rechen* 238, 20; *stên* 450, 15; *wenden* 340, 25; *zemen* 133, 27.

2. *bœse* hat die bedeutung 'schlecht' neben *kleit* 375, 7; 'schwach' neben *ouge* 71, 16; 'schlimm' neben *weter* 448, 29; 'gering' neben *man* 775, 18, ist also nur in der 2. und 3. verwendung gegensatz zu *guot*.

Volle gegensätze für die ethische bedeutung von *guot* sind *arc* und *lôs*:

3. *arc* neben *herzoginne* 684, 19; *list* 425, 3; *nachgebûre* 408, 14; *slange* 481, 11; (*schütze* 183, 9 'feindlich'?); *arc* n. 364, 24; 643, 30.

4. *lôs* neben *lip* 355, 10; *rât* 711, 19; *wille* 13, 8; vgl. *lôsheit* f. 113, 15; 386, 17; 473, 3; 650, 14; 737, 18; 749, 28*). Diese

---

*) *lôs* wäre etymologisch der gegebene gegensatz zu *guot*: beide gehen von der gleichen grundanschauung aus, die dort negativ, hier positiv gewendet ist.

wörter sind nicht häufig und haben ebenso gegenüber der reichen synonymischen entfaltung der positiven wertbegriffe nur wenige synonyma aufzuweisen: ausser lôs fast nur valsch, das z. b. neben fuore 26, 21; list 140, 23; 172, 15; 751, 11; prîs 3, 7; als valsch m. 16, 8; 107, 28; 110, 9; 116, 8. 9; 117, 1; 159, 14; 160, 14; 162. 24; 235, 30 und sonst erscheint.

§ 10. Gottfrieds Tristan.

Golther, Gotfrids von Strassburg Tristan und Isolde.

In Gottfrieds höfischem epos Tristan und Isolde, dem wenig späteren gegenstück zu Wolframs Parzival, herrscht im allgemeinen derselbe sprachgebrauch, auf dessen grundlage die verschiedene lebensansicht der beiden grossen dichter natürlich auch in gewissen sprachlichen differenzen bemerkbar wird.

guot hat im Tristan folgende verwendung gefunden:
1. für unpersönliche beziehungen, neben dingen und abstrakten. a) 'nützlich, trefflich': *hunt* 3032; *kraft* (*der erzenîe*) 7942; *lêre* 7716. 18529; *list* 3579; *rede* 4632; *sin* 10392. 12190; *wâfenroc* (*g. u. lobebære*) 6577. b) 'gut' im quantitativen sinne: *fride* ('völlig, fest') 8396; *sælde* 10392; *trôst* 13318; *vorbedâhte* ('reichlich') 7911; *wîle* ('geraume zeit') 8487. 18664. c) 'angenehm, günstig': *ende* 1404. 7912; *fuoge* 4397; *gevelle* (vom spiel) 9928; *mære* 10340; *sache* 1866 (gegensatz *ungemach*); *state* 9866. 10182. 16432. 18004; *stimme* 4757; *stunde* 9162; *wint, var* 11651. d) 'vortrefflich' im höfischen sinne: *gebâr* 11146; *gebærde* 8028. 8140; *gruoz* 7558; *leben* (*hövesch u. g.*) 499; *site* 8140. e) 'gut' im ethischen sinne: *gewoneheit* 3029; *herze* 10253; *muot* 876. 1106. 6722. 7938. 10428. 17895. ('eifrig' 612; 'willig' 6412; 'froh' 4677); *triuwe* 12349; *wille* 3797.

2. für persönliche beziehungen a) 'geschickt, tüchtig': 8556; *erbe* 8363; *listmachære* 4932; *liute* 4820 (*gefüege*). b) 'trefflich, höfisch gebildet': *Blanchefluor* 719. 1075. 1165; *Florête* 1903; *Kanêlengres* 1679; *kneht* 1668. 10813. 11040; *künec* 3607; *man* 2831; *Marke* 625; *marschalkinne* 1930. 1953; *Rûal* (*der hövesche g.*) 3981; *Tristan* 3392. 3484. c) 'gut, brav, gütig, freundlich, hilfreich': 1234. 3387. 5029 (*den armen den wis iemer guot*). 5235. 8207. 8556. 12095. 12105. 15699. 17880. 17911; *Florête* 1903; *got* 2750. 3259. 9455. 10080. (14862 *got der rîche*); *liute* 1699. 1779. 2666. 2718; *man* 1015; *marschalkinne* 1930. 1953; *vater* 3955.

3. *güete* f. substantiviert die bedeutungen 2 a, b, c. a) 7633. b) 519 (*werdekeit u. güete*). c) *gotes* 1784. 2490; 'güte, freundlichkeit' 1364. 1906. 5646.

4. *guot* u. bedeutet a) 'gut, besitz': 182. 265. 339. 350. 353. 515. 1697. 1886. 3103. 5637. 5843 u. m. b) 'gutes, nutzen, heil' in adverbialen wendungen: *vür guot* 3402. 17 739; *in guote* 6. 8. 144; *mit guote* 3281. 3375 (übersetzt *à boneure*); *ze guote* 1. 2. 4. 6. 225. 576. 1635. 4632. 5841. 7836. 14 205. 17 980. c) 'gutes' 18. 30. 31. 203. 1522. 2600. 5094. 7937. 9874. 9875. 13 579. 13 820. 14 342.

Im ganzen steht *guot* in demselben gebrauch wie im Parcival: die abstrakten, dem ethischen sich nähernden bedeutungen überwiegen, und fast ausschliesslich dient es abstrakten und persönlichen bezeichnungen zur näheren bestimmung. Dabei fehlt hier die bedeutung 'fromm', die bei Wolfram formelhaft auftrat, völlig, wogegen Gottfried für *guot* den sinn ritterlich-höfischer bildung und tüchtigkeit voraus hat, den jener in das für ihn charakteristische wort *wert* fasste. Wenn dieses bei Wolfram als typisches beiwort so häufig war, so vermeidet Gottfried um der leichtigkeit seiner verse willen den häufigeren gebrauch derartiger epitheta; wo sie nicht zu umgehen sind, lässt er aus demselben grunde gleich mehrere folgen, z. b. 1902 *diu sælige marschalkin, diu guote, diu stæte, diu reine Florete*; 13656 *der getriuweste und der beste, der einvalte Marke*; 1164 *Blancheflûr diu reine, diu hövesche, diu guote*; vgl. auch 12 095. 12 105. 18 695 u. s.

Was nun Gottfrieds synonyma für *guot* anlangt, so ist wie gesagt *wert* selten: als adj. 17. 450. 654. 685. 5237; als adv. 490; *werdekeit* 1612. 1761. Ebenso tritt *tiure* in keiner weise hervor. Die bedeutungen 'passend, fähig, geschickt, kunstreich, fein, gebildet' vertritt *gefüege**)* 8551. 12479. 15743; 4606; 6610. 15 424; 8110. 15 424; 4821. 8153. 13 138. *biderbe* bedeutet

---

*) Hinsichtlich des etymologischen und des bedeutungsverhältnisses zwischen *gefüege* und *guot* lässt sich auf die interessante erscheinung der parallelen nach- und neubildung hinweisen, die hier wie sonst hervortritt. Diese nachbildung wird durch bedeutungsverschiebung (vornehmlich ins abstrakte) oder unverständlichkeit, bezw. unanschaulichkeit der bisher gebrauchten wörter veranlasst und durch die fortwirkende kraft derselben sinnlichen anschauung, die auch jenen als basis diente, in parallele bahnen der bedeutungsentwickelung gedrängt.

Wie *gefüege* hier für obsolet werdende anschauliche bedeutungen von 'brav, tüchtig': *man* 360. 17 915; *wîp* 18 001; abs. 5194. 8400 (*hazzen unde nîden daz muoz der biderbe lîden*). 18 731. Häufiger ist *edel*: neben *helfenbein* 2224; *kleit* 2543; *seitspil* 7880; *side* 667; *wât* 2199; *werc* ('pelz') 6545; neben *herze* 47. 170. 216. 233. 458. 551. 583. 642. 1072. 1709. 2261 u. sonst. *kint* 6325; *koufman* 2228. 2323; *künegîn* 7745; *muot* 201. 3122. 4992. 6723; *ôr* 7946; *Rûal* 2176; *senedære* 121. 126; *zunge* 6479.

Der synonymische wortschatz des Tristan — ausser den angeführten wörtern wären noch zu nennen *gebære* 6719. 10 031; *getriuwe* 3492. 13 656 . . ; *hövesch* 693. 751. 10 782 . . ; *schœne* 5003. 8009 . . ; *süeze* 1106. 1935. 5233. 8012. 8028. 8031. 8139. 16 452 — steht an fülle hinter dem Parzival zurück; z. b. treten die typischen Wolframschen attribute *wert, hôch, clâr* hier kaum irgendwie hervor. Grund oder folge — wie man es nimmt — davon ist, dass *guot* hier seine alte vorrangsstellung zu behaupten vermochte: wie in dem überhaupt verwanten sprachgebrauch des Iwein wird es auch im Tristan ausdruck der höfischen wertschätzung.

Auch in den gegensätzen zu *guot* steht Gottfrieds sprachgebrauch dem Iwein näher als dem Parcival. Das adj. *lôs* fehlt ganz; *valsch* ist nicht häufig, *übel, arc* und *bœse* haben ähnlichen inhalt wie umfang.

1. *übel* bedeutet a) 'schlimm' neben *wec* 8559; *zît* 13 338. b) 'böse' neben *gebærde* 10 337; *man* 10 208; *muot* 17 899; *site* 17 926 (scherzhaft: *huote ist ein übel minnen site*); *tôt* 10 384; *wîp* 17 879; mit dativ: 15 699 *der was ir übel und dirre guot.* c) als adv. 'schlecht, übel' neben *gevallen* 7321; *lûten* 6364; *samet wesen* 4427; *stân* 14 861. d) als neutr. 'übel, übles', besonders als gegensatz zu *guot* n. 18. 30. 31. 116. 203. 270. 1522. 2516. 5094. 7324 (*under zwein übeln kiese man daz danne minner übel ist*). 8539. 13 579. 13 817. 13 820. 14 306. 14 342. 14 944. 17 897. 17 898.

---

guot eintritt, indem es von demselben grundbegriff des verbindens ausgeht, so treten ein — um aus der fülle der beispiele nur einige hier naheliegende zu nennen —:

tüchtigkeit	für	*tugend*:	*gewöhnlich*	für *gemein*;
vermessenheit	„	*frevel*;	*fehler*	„ mhd. *misse*;
vergehen	„	*fehler*;	*verirrung*	„ *vergehen*;
einfach	„	*einfältig*: *schlicht*	„ *schlecht*; u a. m.

jedesmal für bestimmte teilbedeutungen dieser wörter.

2. *arc* ist wie bei Wolfram kontradiktorischer gegensatz der ethischen bedeutungen von *guot* und wird am besten mit 'böswillig' widergegeben. Es steht in diesem sinne a) attributiv neben *list* 10 509; *rât* 16 795; *wân* 13 676. 13 721. 15 376; *wille* 773 (*haz oder argen willen*); *Môrolt* 5978. b) als n. 9874. 14 656. 17 695; *mit arge sprechen* 9863; *ze arge jehen* 17 813; *bedenken* 14 925; vgl. *archeit* f. 'bosheit' 289. 14 123. 14 653. 15 115.

3. *bœse* endlich hat hier durchaus dieselben bedeutungen wie *übel*: a) 'schlimm' neben *conterfeit* 12 309; *ende* 11 325; *mære* 17 684; *ursprinc* 11 324. b) 'böse' neben *diet* 8415; *gemeine* 16 616; *getelœse* 18 044; *liute* 14 746; *wiht* 8417; prædikativ 12 262 (*er sî bœse oder guot*). In dieser stelle stehen sich *guot* und *bœse* bereits kontrastierend gegenüber; für *übel* findet sich in derselben bedeutung kein entsprechendes beispiel mehr. Für den allmählichen rückgang dieses wortes in seinen ethischen bedeutungen, der auch hier wieder begegnet, muss auch das neutrum *übel* in seiner konkreteren bedeutung 'ungemach, unheil, übel' in anschlag gebracht werden, das jenes auf sein niveau herunterzieht. *arc* und *bœse* dagegen bewegen sich, durch konkretere, fest gewordene ableitungen ungehemmt, in aufsteigender entwickelung.

§ 11. Walther von der Vogelweide.

Lachmann, Walther von der Vogelweide. 5. ausgabe. 1875.
Paul, Die gedichte Walthers von der Vogelweide. 1882.
Hornig. Glossarium zu den gedichten Walthers von der Vogelweide. 1844.

Walthers ausgeprägte sittliche persönlichkeit reflektiert sich deutlich auch in seinem sprachgebrauch, z. b. darin, dass er *guot* als persönliches prædikat ausschliesslich in ethischem sinne gebraucht; er befreit das wort von der einseitigkeit seiner höfischen bedeutung und verallgemeinert und verinnerlicht es zugleich zu dem sinn menschlich-sittlicher trefflichkeit und güte überhaupt.

Die vorkommenden fälle von *guot* — Hornigs glossar entbehrt wie der vollständigkeit in den stellenangaben, so der meisten eigenschaften, die man heute von einem specialwörterbuche fordert — lassen sich in folgende übersicht bringen:

1. teleologische verwendungen: a) 'zweckmässig, von nutzen, von segen, vortrefflich': *guot* 31, 22 (*guot, du enbist niht guot* — reichtum, du bist ohne segen; ein wortspiel, das die erstarrung des neutrums *guot* zum bewusstsein bringt); *halm* 17. 31. 37; *lêre* 34. 31; *minne* 51, 8; *rât* 83, 30. 35; *schade* 19. 28 (*ein schade ist guot, der zwêne frumen gewinnet*); *sâle* 44, 10; *vaz* 106, 17; *wîn* 20, 14; 106, 17; *wurz* 103, 13; ferner 41. 32; 88. 24; 120, 25; mit *für* konstruiert 27, 34; 31, 34; mit *ze* 78, 40 ('würdig'). b) 'angenehm, erfreulich': *anegenge*. 83, 39; *dinge* 63, 8; 83, 8; *ende* 53, 12; *naht* 101, 21; *tac* 119. 17; ferner 97, 20. c) 'angemessen, reichlich, tüchtig, vollkommen' und ähnliche quantitative ausdrücke der erfüllung des begriffs, den das zugehörige substantiv darstellt: *dienest* 96, 22; *gedinge* 92, 10; *gerihte* 84, 17; 107, 8; *kunst* 82, 29; *lôn* 56, 19; *lop* 35, 5; 64, 25; *sin* 20, 22; *war* 44, 19 ('rechte aufmerksamkeit').

2. ethische verwendungen: a) neben abstrakten: *site* 87, 12; *wille* 'rein, aufrichtig, günstig' 43, 17; 60, 21; 96, 8; 100, 1. b) von personen: 14, 18; 44, 12; 51, 1 (*lihte sint si bezzer: du bist guot* — 'jene vornehm, reich, stolz; du herzensgut, trefflich' Wilmanns 233); 52, 13 (*tuot ir mir ungnœdecliche, sô sît ir niht guot* — scherzhaftes wortspiel); 62, 19. 34; 73, 11; mit dativ 26, 13; ferner mehr 'gut' als 'gütig' bedeutend: 45. 13 (gegensatz *lôse*): 45, 19; 58, 35 (gegs. *bœse*); 62, 35; 64, 22; 74, 2; 78, 40; 98, 34; 110, 21; *nieman guoter* 44, 29; *man* 44. 10; 91, 9; 96, 25; 99, 7; *frouwe* 90, 6; *wîp* 58, 30; 59. 10; 91. 24; 93, 17; 96, 10. 16; 102, 5; 110, 21; 121, 1 (*guot unt wolgetân*): *liute* 72, 33; 114, 34; 117, 6; *mîn guoter klôsenœre* 34, 33; *Gabriel der guote* 24, 29; (Christus) 6, 2 (*si reine unt er vil guoter*).

güete f. bedeutet entsprechend 'wohlwollen, herzensgüte' 14, 19; 86, 5 (*güete bî der wolgetœne* — äussere und innere schönheit); 109, 17. 27; 110, 18; 115, 21.

guot n. 'gutes' kommt vor 18, 21; 44, 2; 70, 19; 95, 30; 99, 31; 103, 35; 109, 3; 123, 20.

In Walthers ethischem wortschatz nimmt *guot* vermöge der bedeutsamkeit des inhalts wie der ausdehnung des gebrauchs den ersten rang ein. Die synonyma, wie *biderbe, hövesch, reine, tiure* . . ., treten weit dahinter zurück. Mit fast gleicher unbestrittenheit steht nun *bœse* unter den gegensatzwörtern da, wie folgende übersicht zeigt:

1. *bœse* a) 'sittlich schlecht': *barn* 23, 19; *kint* 23, 15; *man*

26, 9; 96, 26; 124, 32; *site* 87, 20; *wort* 87, 12. 27; *zorn* 124, 32; absolut 23, 19; 58, 35; 73, 37; prædikativ 23, 13. 14. b) 'schlimm': *ende* 83, 39; 123, 2; *rât* 83, 31; *unkrût* 103' 21; *daz bœsere* ('schlimmere') 107, 3. c) 'geizig': 75, 87 (Paul); *herre* 26, 11; 28, 30.

2. *übel* a) adj.; *troufe* 75, 50 (Paul); *wort* 73, 28. b) neutr., in formelhafter verbindung mit *guot*: 44, 2; 120, 25; 123, 20. c) adv.: *gedenken* 58, 31; *gesehen* 115, 35; *stên* 21, 10; *tuon* 26, 12; 90, 31; 112, 13.

3. *arc* a) 'böse' 17, 18; 70, 16 u. sonst. b) 'geizig': 21, 20. Synonyma wie *lôse* 45, 13; 58, 30; *ungefüege* 28, 19; 117, 27 u. sonst, brauchen wieder nur genannt zu werden.

Die bereits im Tristan vorliegende vorrangsstellung nimmt *bœse* auch hier ein. Seine gegensätzliche bedeutung zu *guot* hat es von der ethischen kategorie aus, wo dieser gegensatz zuerst fest wurde, in die bedeutung 'schlimm' als gegensatz zu *guot* 'angenehm, erfreulich' durch analogische übertragung vorgeschoben. Die wohl mundartlicher gewohnheit entstammende bedeutung 'geizig' fällt aus diesem parallelismus zu *guot* heraus und bleibt daher ohne schriftsprachliche dauer. *übel* erscheint noch in formelhaften resten seiner früher wesentlichen bedeutungen, aus denen es *bœse* verdrängte, lebendig nur in adverbialer anwendung.

§ 12. Freidank.

Bezzenberger, Freidanks bescheidenheit. 1872.

In dem hier nur in betracht kommenden ethischen sprachgebrauch besteht zwischen Freidank und Walther eine ziemlich weitgehende übereinstimmung, abgesehen von den feineren unterschieden, die sich aus der objektiveren betrachtungsweise des einen, der subjektiveren des andern z. b. in der art ergeben, dass Walther mit der bezeichnung '*guot wîp*' im allgemeinen den sinn innerer reinheit und herzensgüte, Freidank mehr den begriff der tüchtigkeit verbindet. Andere unterschiede scheinen den näheren beziehungen des spruchdichters zum volkstümlichen sprachgebrauch zu entstammen, so z. b. die bei Walther fehlende bedeutung 'wertlos' für *bœse*.

guot steht bei Freidank in folgendem gebrauch:

1. teleologisch: a) 'passend, zweckmässig, nützlich, von segen', neben: *abláz* 39, 20; *bañ* 162, 7; *bilde* 69, 21; 71, 5;

boge 108, 1; *bolz* 119, 8; *îsenhuot* 170, 15; *lêre* 71, 3. 9; *lît* 164, 14; *rede* 64, 14; *wec* 131, 9; *wolle* 153, 14; ferner in der die zweckbeziehung andeutenden konstruktion *guot für* 44, 3; 95, 2. 6; 157, 10; 170, 15; endlich prædikativ, besonders in der wendung *daz ist guot* 23, 19; 52, 5; 94, 1; 95, 11; 96, 24; 101, 7; 116, 21. 27; 125, 4; 133, 17; 150, 24; 157, 23; *guot dunken* 6, 21; 25, 24; 31, 25; 77, 5; 84, 14; 117, 14; *für guot hân* 80, 20; 98, 5; 103, 13; 106, 23. b) 'angenehm'; *dinc* 63, 5; *ende* 63, 21; 106, 21; *gedinge* ('günstige bedingungen') 147, 20; *leben* 31, 22; *spîse* 125, 4. 9; 128, 3; 159, 4; (*des honeges*) *süeze* 55, 17; *wîn* 132, 16 (gegens. *bœse!*). c) 'reichlich, vollkommen, tüchtig' (quantitativ): *gedinge* ('hoffnung') 134, 21. 23; *gloube* 35, 22; *market* 83, 13; *rât* (*eines dinges guoten rât tuon*) 59, 7; 147, 4; *sicherheit* 76, 27; *sin* 106, 17 b; *wille* ('eifrig') 39, 9. 14; *witze* 65, 1.

2. ethisch: a) neben abstrakten 'sittlich, vortrefflich': *bilde* ('vorbild') 69, 21; 71, 5; 152, 7; *herze* 112, 21; *leben* 68, 22. 27; *lêre* 71, 3. 9; *muot* 112, 21; *sin* 135, 18 ('gesinnung'); *site* 105, 17; 106, 19; 108, 19. 23; 109, 4; *werc* 68, 17; 115, 11; *wille* 43, 5; 49, 11; 110, 25. 27; 178, 23 (*moht ir der werke niht begân, ir solt doch guoten willen hân*). b) neben personen 'sittlich, tüchtig, vortrefflich': *kneht* 49, 1; *liute* 47, 25; 168, 22; *man* 68, 17; 70, 3; 147, 6; *ritter* 93, 7; *vriunt* 97, 11. 20; 138, 20; (hier, wie öfter neben *vriunt*, wohl in der alten bedeutung 'zusammenpassend'); *wîp* 99, 25; 101, 16. 22; 102, 17; 103, 8; 104, 7; absolut 133, 9; 180, 5; *nieman guoter* 93, 3; 172, 23; *guot heizen* 56, 13; *sich guot dunken* 66, 10. 18; 115, 9. Für sich steht *die guoten* 24, 5 ('die heiligen').

3. *güete* f. 'güte, gnade, frömmigkeit': 2, 4; 37, 24; 85, 20; 173, 12; 180, 11.

4. *guot* n. a) 'besitz': 56, 13 (*daz guot mac wol heizen guot, dâ man mite rehte tuot*. vgl. Walther 31, 22); 56, 21; 57, 14 (*keines guotes ist ze vil, dâ man mite guot tuon wil*); 104, 19; 156, 1 ('nachlass'). b) 'gutes' in teleologischem und ethischem sinne: 5, 8; 37, 22; 40, 20; 91, 1; 110, 18 (gegs. *schade*); 110, 23 (gegs. *arc*); 117, 2; 130, 15. 21; 154, 4; 160, 21; 167, 11; in bindung mit *übel* 2, 8; 17, 20; 105, 13; 132, 6; 165, 12; *guot jehen* 62, 4; 154, 5 b; *sprechen* 101, 16; *tuon* 57, 14; 96, 20; 136, 8; *ze guote* 3, 10. 15; 101, 12; 124, 11; 172, 43 (*ze guote und ze unheile*).

Unter den synonymen *biderbe, edel, reine* ('fromm'), *tiure, wert, frum* ist letzteres häufiger zu bemerken, z. b. 87, 22; 89, 22; 90, 3. 5. 15. 18. 27; 101, 9; 118, 9; es befindet sich in aufsteigender entwickelung.

Im gegensätzlichen wortschatz steht die trias *arc, bœse, übel*, von der oben bemerkten ausnahme abgesehen, in übereinstimmung mit Walthers sprachgebrauch. Es bedeutet:

1. *bœse* a) 'wertlos, verächtlich' neben *sac* 21, 19; *mist* 21, 26; *würme* 76, 18 (vgl. dieselbe verbindung und bedeutung in Hartmanns rede vom glauben: *gedenkest du iht daz du bist? bose gestuppe unde mist. unde warzo du wirdist, swenne du irstirbist? bose wurme unde maden.* Wackernagels lesebuch I 245); *veder* 120, 22; *win* 132, 18; *daz bœste* 119, 21; *der bœse* (gegs. *biderbe*) 28, 17; 105, 15. b) 'geizig': *man* 41, 15. c) 'arg, schlimm, böse': *diep* 47, 10; *dinc* 63, 16; *gewoneheit* 108, 9; *hôchgezît* 141, 9; *kündekeit* 48, 22; 144, 7; *mære* 136, 1 ('nachrede'); *man* 88, 15. 25. 27; 89, 2. 5. 6. 8. 10. 12. 14. 20. 27a; 90, 18. 27; *menscheit* 21, 17; *muot* 54, 4; *name* 21, 16; *obez* 21, 17; (*der werlde*) *sin* 32, 19 (*ie leser, ie bœser*); *site* 42, 25; 108, 22; *wân* 45, 3; *zît* 114, 2; *zunge* 165, 17; ferner substantiviert 87, 22; 89, 9. 22. 24; 90, 1. 3. 5. 15. 18. 21. 24. 25. 27; 101, 9; 110, 24; 113, 1; 118, 9; 120, 14; 180, 5; prædikativ 133, 20.

2. *übel* a) als adj. 'schlecht, arg, schlimm': *dinc* 130, 16; *liute* 88, 26a; *man* 88, 23; *sac* 112, 10; *werc* 32, 6; *zunge* 164, 11. 23; 165, 16. b) als adv. neben infinitiven und partizipien 'schlecht, übel': *beriht* 24, 4; *getân* 126, 23; *hân* 90, 5; *leben* 46, 8; *reden* 124, 9; *richen* 65, 10; *schiezen* 128, 23; *stân* 30, 12; *sterben* 178, 4; *tuon* 16, 10; 66, 9. c) als neutrum 'böses, übel': 2, 8; 17, 20; 60, 16; 79, 16; 107, 2. 4. 6; 123, 12; 127, 6; 130, 21; 164, 7; 165, 12; 175, 1. d) substantiviert: *der übele* 133, 9; *daz übele* 132, 6.

3. *arc* 'böswillig' neben *list* 7, 14; 40, 11; 140, 17; *rât* 67, 18; *wân* 18, 27; *zunge* 129, 4 (die *zunge* erhält also alle drei prædikate!); ferner *arc* n. 110, 22; 119, 17.

erge f. bedeutet 'kargheit' 87, 17. 18; 91, 2; entsprechend *arc* 'geizig' neben *man* 87, 26.

Schluss.

Bei Walther und Freidank steht das wort *guot* auf der höhe seines mhd. sprachgebrauchs, in bedeutsamkeit und häufigkeit von keinem andern worte ethischen inhalts erreicht. Die bedeutende stellung, in der es bereits fast am eingange der deutschen sprachüberlieferung, bei Otfrid, begegnet, hat es nach manchem wechsel seiner geltung hier von neuem inne, nur mit grösserer entschiedenheit. Den lateinischen einfluss, der es in jener ersten litterarischen blütezeit emporgetrieben hatte, hat es ebenso wie die damit zusammenhängende umbiegung ins theologische abgestreift zu gunsten einer wurzelhaften und etymologisch angemessenen entwickelung. Und wie der ursprüngliche beziehungsbegriff des wortes dieser religiösen färbung als einer bestimmten inhaltlichen erfüllung widersprach, so ist er auch durch die einschränkenden bedeutungen 'kostbar, tapfer', die in den volksepen, und 'höfisch gebildet, ritterlich gesinnt', die in den kunstepen vorwiegen, hindurchgegangen zu der umfassenden bedeutung ethischer angemessenheit. In seinen beiden bedeutungen, dieser persönlich-ethischen und der nebenhergehenden sachlich-teleologischen, begreift nun das wort wie noch heute den gesamten umfang der menschlichen zweckbeziehungen.

Wenn sich in der geschichte des wortes einerseits die kraft desselben zeigt, aus allen ausbiegungen des sinnes in die bahn natürlich vorschreitender entwickelung zurückzulenken, so andrerseits die fähigkeit, verschiebungen der werturteile sich anzupassen. Durch diese fähigkeit gewinnt die geschichte des wortes kulturhistorisches interesse. Otfrids und Notkers sprachgebrauch reflektiert in den persönlichen anwendungen des wortes das vorwalten geistlicher wertmassstäbe; im Nibelungenliede und der Kudrun spiegelt das wort die unkirchliche, naiv-äusserliche wertbeurteilung des volkes und seiner spielleute; auch in den höfischen epen befasst es fast überall die wertideale jener zeit in sich, deren übergang zu nuständischer, individuell verinnerlichter wertbeurteilung das wort im sprachgebrauch Walthers und Freidanks zum ausdruck bringt. Die geschichte des wortes vermag, wenn auch nur in grossen zügen, den wandel der zeiten und anschauungen zu spiegeln, weil eben dieser wandel sie selbst trägt.

Ist im rahmen dieser dem worte eigentümlichen relativität, deren linien die ganze geschichte desselben durchlaufen, die allgemeine tendenz zur verinnerlichung und vergeistigung der bedeutung unverkennbar wirksam, so wird, wie wir sahen, diese verinnerlichung durch die aufnahme synonymischer ersatzwörter unterstützt. Und zwar sind es im allgemeinen die sinnlich-anschaulichen bedeutungen (wie 'nützlich, kostbar, passend, tauglich, geschickt, tapfer'), die von dem worte abgesondert werden, während ihm die abstrakt-ethischen nun um so entschiedener verbleiben. Fast etwas wie idealismus spricht aus dieser erscheinung: eine bevorzugung, pflege und obhut des geistigen vor dem sinnlichen; der geistigere inhalt treibt die sinnlicheren bedeutungen aus, wofür es auch sonst nicht an beispielen mangelt (vgl. *gerecht, schlecht, bieder, gemein, tugend, edel* u. a.).

Im gegensätzlichen wortschatz vollzieht sich dieselbe verinnerlichung zugleich mit einem wechsel der wörter. Das ursprüngliche *übel* war mit seiner grundbedeutung 'über die schranken gehend, über das mass hinaus, zuviel' dem ethischen empfinden einer naiven zeit angemessen (vgl. Simmel, einleitung in die moralwissenschaft II 23: das verhalten der majorität der gruppengenossen gab ursprünglich für den einzelnen die norm des verhaltens ab, weshalb wir aus primitiven gruppen kaum von dem begriff einer individuellen sittlichkeit, wohl aber von einer unsittlichkeit hören und weshalb in niederen schichten höherer kulturen dem blossen abweichen von dem sozial-üblichen verhalten von vornherein mit misstrauen und missbilligung begegnet wird'). Da *übel* die eintretende persönlichere beziehung des werturteils nicht auszudrücken vermochte, wich es dem adj. *böse*.

Lebens- und bildungsgang.

Am 15. VIII. 1874 wurde ich, Chr. L. Franz Schmidt, als sohn des werkführers Karl Schmidt und seiner gattin Anna, geb. Harms, zu Pinneberg i H. geboren und nach evangelischem ritus getauft. Meine schulbildung erhielt ich in der mittelschule zu Wilhelmshaven, sodann auf den lehrerbildungsanstalten zu Aurich meine ausbildung zum volksschullehrer. Als solcher war ich, nachdem ich bereits von 1890 bis 1891 schulgehilfe in Jemgum a. Ems gewesen war, seit Ostern 1894 in Wilhelmshaven thätig.

Mich. 1895 legte ich am gymnasium zu Leer als extraneus die reifeprüfung ab und studierte danach je zwei semester in Berlin, Leipzig und nochmals in Berlin vornehmlich germanistik, geschichte und pädagogik. Vorlesungen hörte ich bei den professoren bezw. docenten v. Bahder, Hauck, Heinrici, Hofmann, Holz, Kirn, Lamprecht, Ratzel, Sievers, Strümpell, Volkelt, Wundt in Leipzig; Bäthgen, Breysig, Delbrück, Friedländer, Geiger, Grimm, Harnack, Herrmann, Lenz, Meyer, Münch, Paulsen, Pfleiderer, Rödiger, Runze, Scheffer-Boichorst, Erich Schmidt, Simmel, Steinthal, Wagner in Berlin. Ausserdem war es mir vergönnt, an den germanistischen, historischen, philosophischen und pädagogischen übungen, bezw. seminarien der professoren Holz, Rödiger, Erich Schmidt und Weinhold; Delbrück, Lenz und Scheffer-Boichorst; Barth und Paulsen; Hofmann und Volkelt teilzunehmen.

Allen meinen lehrern, insbesondere allen den herren professoren Sievers, Volkelt, Rödiger und Erich Schmidt, sage ich für die empfangene reiche anregung und förderung herzlichen dank.